ミネルヴァ日本評伝選

細川ガラシャ

散りぬべき時知りてこそ

田端泰子著

ミネルヴァ書房

刊行の趣意

「学問は歴史に極まり候ことに候」とは、先哲荻生徂徠のことばである。

歴史のなかにこそ人間の智恵は宿されている。人間の愚かさもそこにはあらわだ。この歴史を探り、歴史に学んでこそ、人間はようやくみずからの正体を知り、いくらかは賢くなることができる。新しい勇気を得て未来に向かうことができる。徂徠はそう言いたかったのだろう。

「ミネルヴァ日本評伝選」は、私たちの直接の先人について、この人間知を学びなおそうという試みである。日本列島の過去に生きた人々の言行を、深く、くわしく探って、そこに現代への批判を聴きとろうとする試みである。日本人ばかりではない。列島の歴史にかかわった多くの異国の人々の声にも耳を傾けよう。

先人たちの書き残した文章をそのひだにまで立ち入って読み、彼らの旅した跡をたどりなおし、彼らのなしとげた事業を広い文脈のなかで注意深く観察しなおす――そのとき、はじめて先人たちはいまの私たちのかたわらによみがえってくる。彼らのなまの声で歴史の智恵を、また人間であることのよろこびと苦しみを、私たちに伝えてくれもするだろう。

この「評伝選」のつらなりのなかから、列島の歴史はおのずからその複雑さと奥ゆきの深さをもって浮かび上がってくるはずだ。これを読むとき、私たちのなかに新たな自信と勇気が湧いてきて、その矜持と勇気をもって「グローバリゼーション」の世紀に立ち向かってゆくことができる――そのような「ミネルヴァ日本評伝選」にしたいと、私たちは願っている。

平成十五年（二〇〇三）九月

上横手雅敬
芳賀　徹

五十棲辰男監修「ガラシャ輿入れ行列屏風」（長岡京市教育委員会蔵）

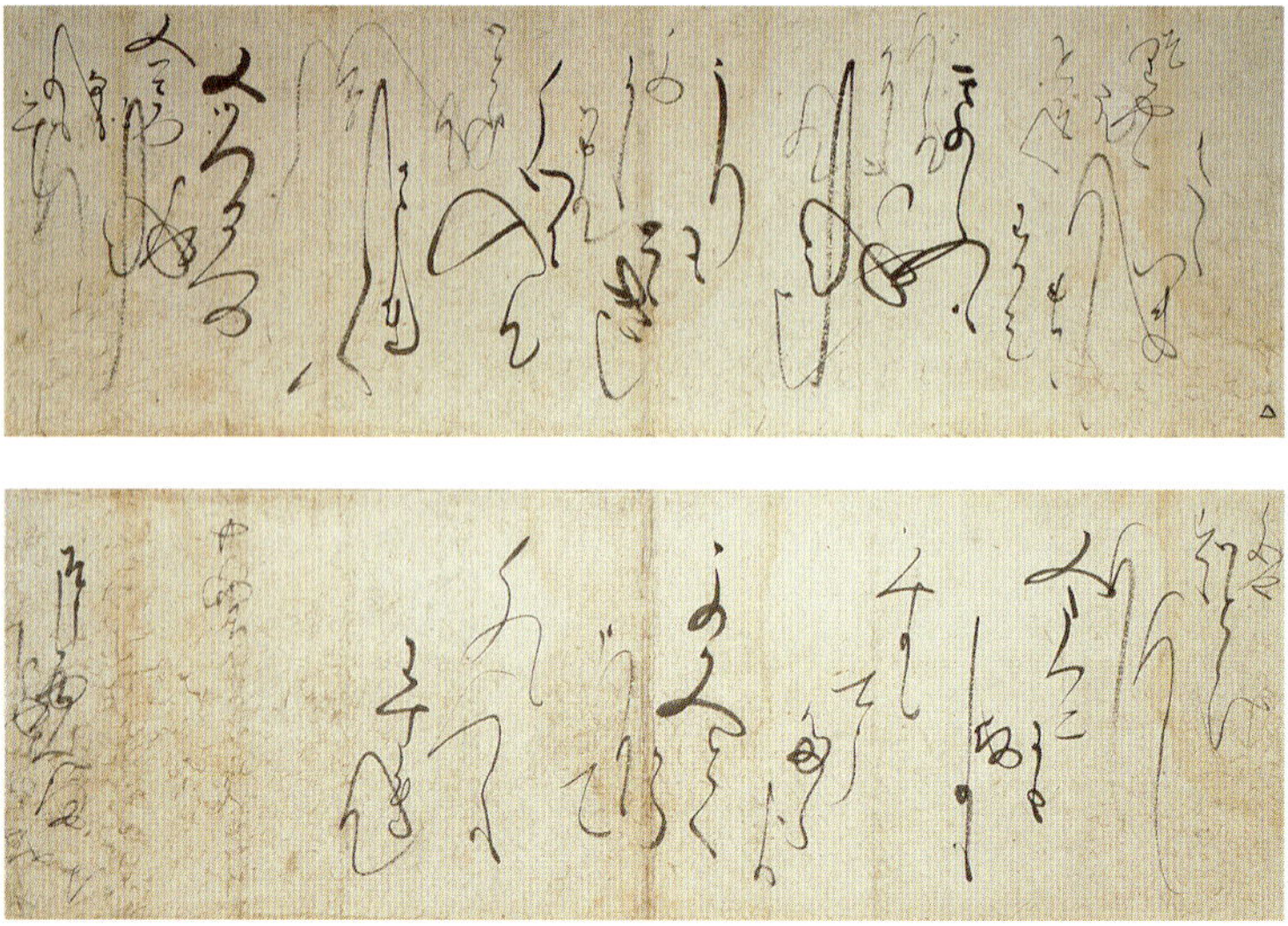

細川ガラシャ消息（永青文庫蔵）

九曜紋入南蛮寺鐘（永青文庫蔵）

はじめに

戦国期に生きた女性のなかでも、特によく名を知られている女性のひとりが「細川ガラシャ」である。ガラシャの名が人口に膾炙していることの背景は、明智光秀という信長の臣下の中でも有名な武将の娘として生まれたにもかかわらず、父の謀叛によって、運命が暗転した悲劇の女性、キリスト教の教えを知って洗礼まで受けながら、関ケ原合戦時に命を絶たねばならなかった悲運の女性であるという、ガラシャについての共通のイメージが確立していた点に求められると思う。ただ、特に細川家がガラシャにどう接していたのかについては、これまでほとんど触れられてこなかったと思う。

こうしたガラシャ像は、ガラシャの実像に照らせば、大きく逸脱するものではない。しかし、戦国期から織豊政権期という激動の時代に生きた武士の女性としては、今まで知られている以上に、ガラシャについては様々な側面が付け加えられねばならないと思う。

細川ガラシャの人物論としては、三浦綾子氏の論考が重要である。ガラシャの一生を辿り、氏は「大きな苦難を超えて、信仰をつらぬき通した」「壮絶な女性」と評価した。キリシタンとしてのガラシャの後半生に重点を置き、信仰を通じてガラシャを理解している点が三浦氏の特徴である。本書では、キリシタンとしてのガラシャに到達するまでのガラシャ（本名明智玉子《たまこ》）の生涯を丹念に追い、玉子がどのような時代背景や親族、姻族の中で生きていったのかを明らかにし、その後のキリスト教との接点について考察し、信仰を得ることによって、玉子にどのような変化が生じたのかを見ることにする。

次いで、秀吉政権下での細川氏の立場について検討し、秀吉の死後関ケ原合戦時にガラシャが真っ先に西軍方の軍勢の犠牲になった理由について考え、ガラシャの生涯とはどのような一生だったのかについて論じてみたい。

細川ガラシャ——散りぬべき時知りてこそ

目次

目　次

目次

図版写真一覧

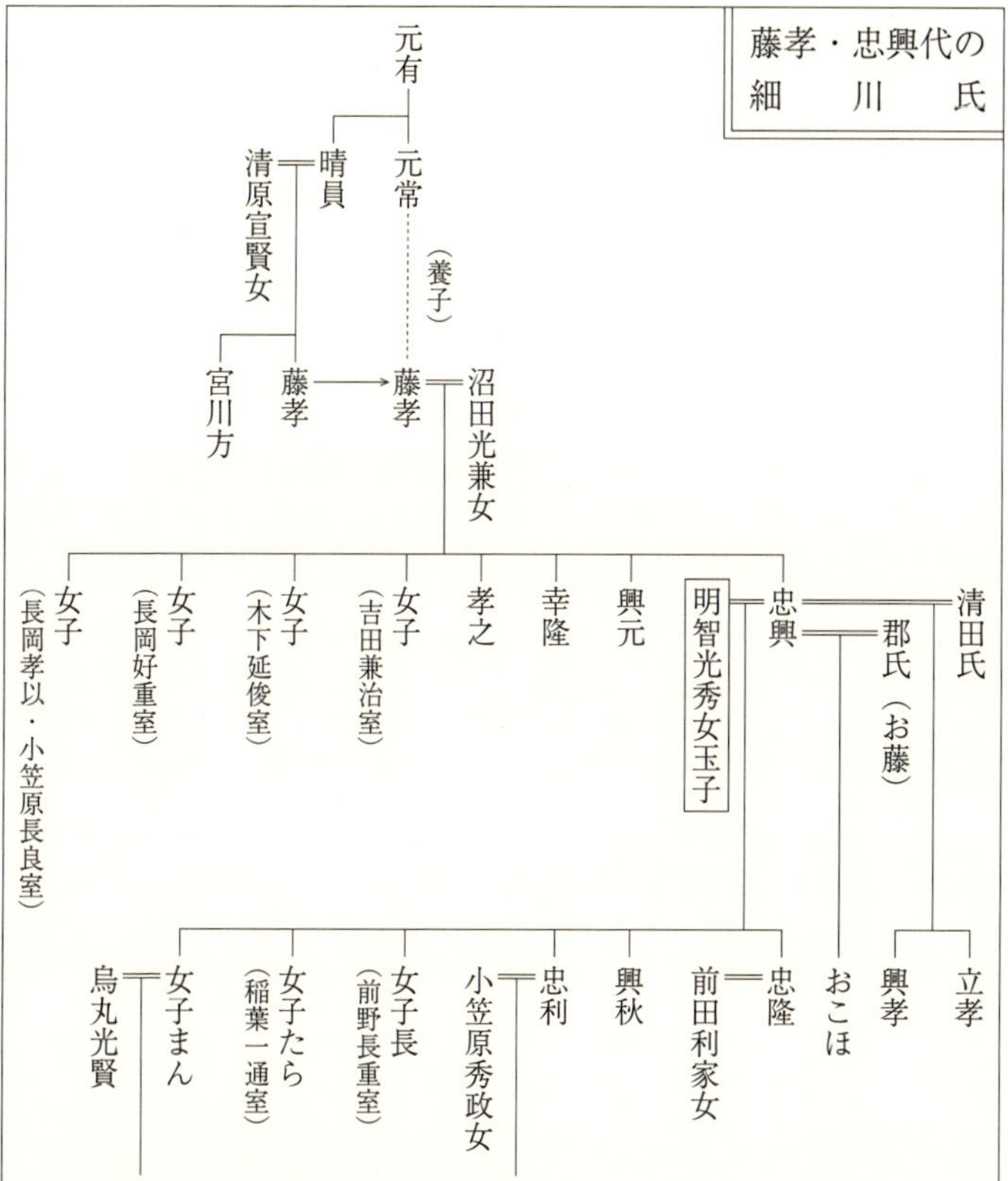
藤孝・忠興代の細川氏
元有
元常
晴員
清原宣賢女
（養子）
宮川方
藤孝
藤孝
沼田光兼女
忠興
興元
幸隆
孝之
女子（吉田兼治室）
女子（木下延俊室）
女子（長岡好重室）
女子（長岡孝以・小笠原長良室）
清田氏
郡氏（お藤）
明智光秀女玉子
立孝
興孝
おこほ
忠隆
前田利家女
興秋
忠利
小笠原秀政女
女子長（前野長重室）
女子たら（稲葉一通室）
女子まん
烏丸光賢
光尚
女子おねね

関係地図

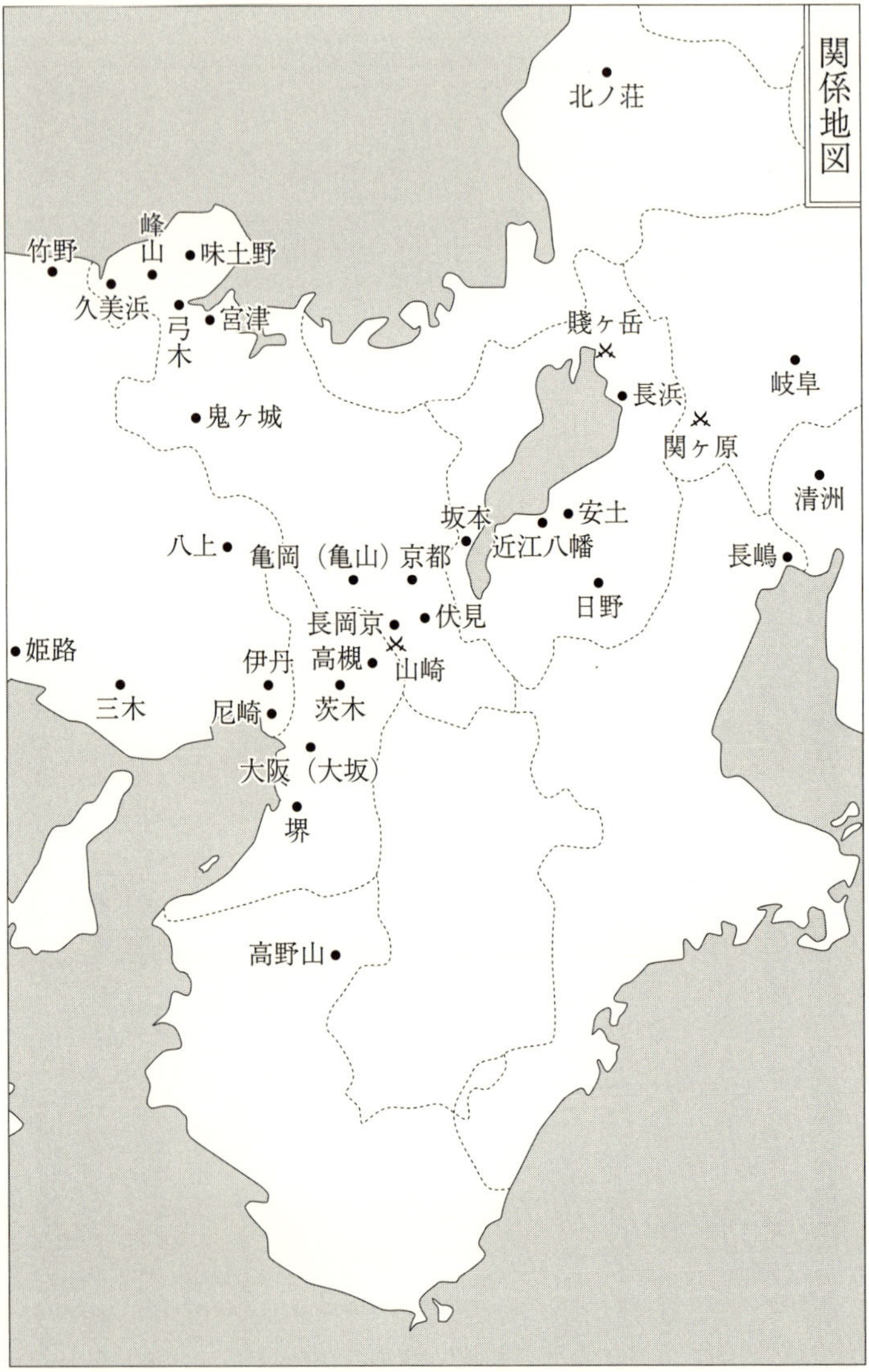
北ノ荘
峰山
竹野
味土野
久美浜
弓木
宮津
賤ヶ岳
岐阜
長浜
鬼ヶ城
関ヶ原
清洲
坂本
安土
八上
亀岡（亀山）
京都
近江八幡
長嶋
日野
長岡京
伏見
姫路
伊丹
高槻
山崎
三木
尼崎
茨木
大阪（大坂）
堺
高野山

第一章　明智光秀の娘

1　ガラシャの本名と父母

玉子という名

本書の主人公細川ガラシャの本名は、明智玉子《たまこ》である。「明智玉」という説もあるが、おねが天皇から位記をもらったとき「寧子」と子を付けて記されているので、この時代の女性については「―子」という名前が正式の名であったと考えられる。ガラシャは洗礼名であるから、本書では「玉子」で統一して論じていきたい。

玉子の母

明智玉子は永禄六年（一五六三）に明智光秀の娘として生まれた。母は妻木《つまき》勘解由《かげゆ》左衛門範熙《のりひろ》の娘である。この母親について『明智軍記』は「賢女ノ名アル人ナリ」と記している。母親は恐らく賢い女性であり、玉子をはじめとして、次々頁の系図に見えるように、三男四女をきちんと育てたのであろう。

そして夫光秀が坂本城を預かっていた時代に亡くなったようである。本能寺の変後に他の親族共々坂本城で自害したのは光秀の側室であったと思われる。坂本の西教寺《さいきょうじ》に墓碑が残っている。

2　明智光秀の親族

まずは玉子や父光秀を中心とした、明智家の系図を見ていただこう。

明智氏の系図

この系図は『明智軍記』その他の史料を照らし合わせ、婚姻年代を考え合わせて作成したものである。『明智軍記』は作者不詳ではあるが、元禄の版本があることから見て、明智家断絶後あまり時日を置かず作成された軍記物であり、明智家が断絶している以上、この軍記から得られる情報は手がかりになるが、他の史料との相違点も大きい。そこで『信長公記《しんちょうこうき》』、『惟任退治記』、『細川家記』（『綿考輯録』とも云われる）、『多聞院日記《たもんいんにっき》』、『言経卿記《ときつねきょうき》』などを参照して、明智光秀の親族・家臣団について考察した別稿で確定した系図が、次頁の系図なのである。

光秀の動静

玉子が生まれた永禄六年ごろ、父親の光秀はまだ織田信長の家臣ではなく、越前朝倉氏に仕えていたようである。その後光秀は、細川藤孝《ふじたか》より先に信長に仕えた。光秀が細川藤孝と共に信長に仕えていることがはっきりわかるのは、五年後の永禄十一年（一五六八）七月のことである。足利義昭が信長を頼って朝倉氏支配下の越前から美濃の岐阜城に移った際に、両人が尽力したことが史料上明確になる。

この義昭の岐阜移居の際に、光秀は信長家臣として「奏者」の役割を務めていた。信長に戴かれた義昭は、同年九月、念願の上洛を果たす。この時光秀と藤孝は信長家臣と足利義昭家臣としてそれぞれ上洛に従っている。足利義昭上洛の時点において、光秀はすでに信長家臣となっていたが、藤孝は信長に恩義を感じつつも、依然として義昭を主君と考えていたようである。翌十二年には、光秀は明確に信長の軍議に加わっていることがわかる。この軍議は木下藤吉郎、丹羽《にわ》長秀《ながひで》と光秀の三者が中心であるから、上洛の準備過程での光秀の功績が、信長から評価を受け、奏者の位置から次第に信長の重臣へと転身する、光秀にとって大きな転換点が、永禄十一・十二年であったと思われる。

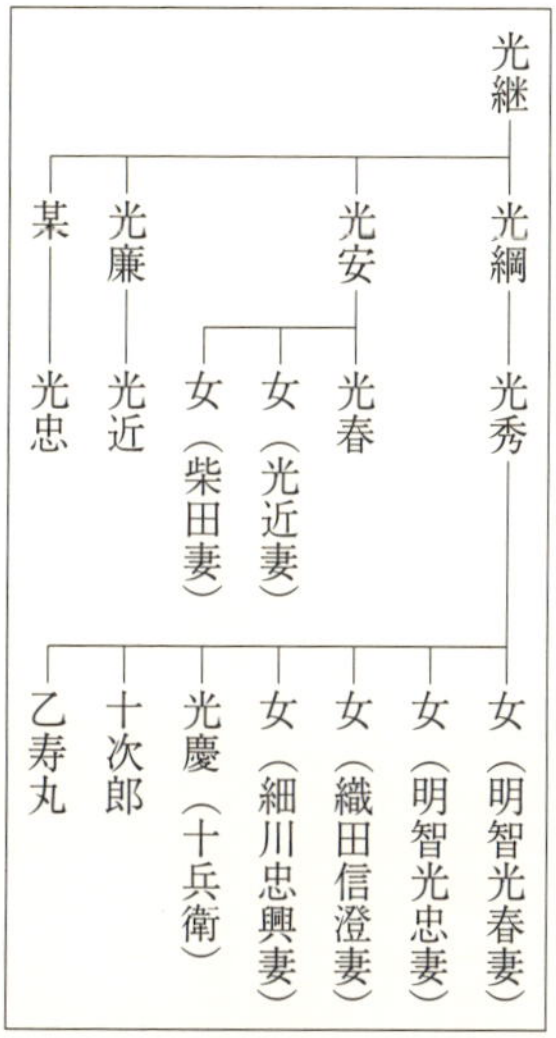

明智氏系図

明智光秀
（大阪府岸和田市・本徳寺蔵）

光秀の娘と婿

明智光秀の娘は『明智軍記』によれば前頁の系図のように四人で、玉子は三女と記載されている。しかし『細川家記』には織田信澄《のぶすみ》の妻、「秀林院さま」（玉子）、その姉か妹で、明智左馬助光春《みつはる》の妻の三人の娘があったとする。つまり『明智軍記』では玉子は三女と記されるが『細川家記』の注釈では玉子は二女か三女と見られていたことになる。しかし別稿で検討したところ、右掲のような四人であったと考える。

玉子の姉妹の婚姻相手についてここで検討しておこう。『明智軍記』に長女として見える女性の夫は、一族の明智光春である。明智光春の妻となる前に、光秀の娘であるこの人は、初め荒木村重《あらきむらしげ》の嫡男新五郎村安《むらやす》に嫁していた（『細川家記』）。ところが荒木村重父子は天正六年十月、信長に謀叛の疑いを懸けられ籠城をやむなくされて、信長軍から伊丹城（有岡城）を攻撃された。この時の攻撃側に滝川一益《たきがわかずます》や光秀がいた。なかでも光秀は信長方と荒木方の間に入って「扱い」（交渉）を為す役割についていた。しかしこの「扱い」が破れ、合戦になり、村重は十カ月の籠城後、一族妻子を残して数人の重臣と、子息村安の守る尼崎城ついで花隈《はなくま》城に逃れたので、信長は「我が身一人助かる」方法を選んだとして烈火の如く怒り、天正七年、伊丹城に残された村重の妻「たし殿」その他家臣やその家族が無惨に殺害されたのである。そのとき光秀の娘は離縁されたようで、助け出されている。信長の重臣光秀の長女であることが配慮されたためであろう。再婚した相手が明智左馬助光春であった。したがって光春との再婚は天正六年年末以後であったと推測できる。

明智光春とは

では明智光春とはどのような人物なのであろうか。一説には、美濃国の生まれで、塗師の子であったとされる。幼少の時、「容顔勝れ候」故、明智光秀の寵童となり、後に光秀は婿とした。そこで「明智左馬助光春」と号したとされる。

「三宅弥平次」と名乗っていた。弥平次の才能・武勇は尋常以上の勝れたものであったので、後に光秀は婿とした。そこで「明智左馬助光春」と号したとされる。

右の光春三宅氏説と異なるのが『明智軍記』であり、この書は光春は光秀の従兄弟にあたるとする。光秀の父が早世したため、光春の父光安が明智氏を統べていた。しかし光安はその弟光久と共に斎藤龍興《たつおき》軍に攻撃されて討ち死にしてしまう。死の直前に一族を光秀に託して亡くなった、との説を採っている。このとき光秀は叔父光安入道宗宿から、お前は明智家の嫡男である、それに「妙絶勇才ノ仁」であるので、息男「弥平次光春」・甥の「次郎光忠」を頼む、どのようにしてでも「撫育」して家を起こしてくれ、と頼んだと記す。

光春が三宅姓なのか明智姓なのか、定かではない。しかし光春が非凡な才能を持つ青年に成長し、光秀長女の後夫《ごふ》として、天正六年ごろ以後は確実に明智姓になったことはいえるだろう。光春は諸史料が共通して褒め称えるように、才能豊かな青年であったので、光秀の家臣から婿へと取り立てられたと考えられる。

光春が光秀の娘と婚姻を遂げたのは、荒木村重の籠城とそれに伴う離婚以後であるから、右に述べたように天正六年（一五七八）の年末のころということになる。荒木村重と重臣たちが伊丹から尼崎そして花隈城に逃げ、伊丹城中の村重の妻子や家臣、その妻子たちが処刑されたのは天正七年十一月のことである。この時細川忠興《ただおき》は京都で荒木村重の妻子三十余人を処刑する奉行であった。そのため荒木一族の女房たちは、「与一郎様（忠興のこと）頼みまする」と泣き叫んだという。なぜならこの時点では与一郎は玉子と婚姻を挙げており、玉子の姉が荒木の子息と婚姻していたので、荒木氏と細川氏は明智光秀の婿同士であり、荒木一族の女房たちも、よく忠興の顔を「見知って」いたからであるという。

光春の光秀長女との婚姻は、したがって天正六年から天正十年という、永くても足かけ四年の間であったことになる。それ以前の光春については、天正初年から光秀に仕える家臣として名が残っている。一時福知山の城主を任されてもいる。光春は三宅氏であるとの説を採る『細川家記』によれば、玉子の夫忠興は「光春は実は塗師の中でも、五器塗師の子であるが、稀に見る才能の持ち主である」と話していたという。光春のひととなりが優れたものであった点は確かであろう。

ところが天正十年、光秀が信長を弑逆するという事件がおこる。光春が光秀と心を合わせていたことはもちろんである。天正十年六月一日に亀山で光秀が重臣たちと「談合」したとき、それに加わった重臣の中に、「左馬助」あるいは「弥平次光遠」がいたことは確実である。この光遠と光春は同一人であると考える。光春はその後の合戦では、明智方の先鋒として活躍する。しかし山崎の合戦に敗れた光秀が、山科勧修寺《かじゅうじ》の藪で自刃したことを知った光春は、そのとき安土城を守っていたのだが、光秀の本城である坂本城に向かい、秀吉軍の堀秀政《ほりひでまさ》と大津、次いで坂本城を巡って戦い、妻と光秀の内室・子息を殺して自分自身も自殺して果てた。この時光春は四十六歳、光秀は五十七歳であったという（『細川家記』）。

この記述から見ると、光春は天文六年（一五三七）の生まれであったことになる。光秀娘との婚姻は四十二歳の時のことで、四十六歳でその生涯を終えていることがわかる。

光春の人物像については、先述のように、光秀の信頼篤く、第一の重臣であったといえる。それと共に、細川忠興が「希代の者なりし」（稀に見る才能の持ち主である）と称賛の言葉を残していることが注目される。塗師という職人の家に生まれたとしても、この時代、優れた武将としての才能を持っている者は、その才能が生かせる時代であったことにも気付く。また、

希代の者光春

『惟任退治記《これとう》』という天正十年十月に著された合戦記には、光春は安土城を守っていたが、山崎合戦での光秀の敗軍を聞いて安土城を焼き、一千騎を率いて坂本城に向かい、光秀と一緒になろうとしたが、大津で堀秀政軍に遭って三百ばかりを討たれたので、小舟に乗って坂本城に立て籠もったと述べる。坂本城で光秀の死を知り、堀軍に囲まれた最期の場面で、明智の一族は刺し殺したが、部下の兵たちを逃がし、「名物」類を秀政の一族堀直政に贈ったあと、城に火を懸けて自刃している。武将として見事な最期である。光秀や忠興の評価通りの名将であったことがわかる。『惟任退治記』が「敵も味方も共に感心した」と記しているのは、光春のこの年六月の戦いぶりが、当時の人々に感銘を与える生き方であったことを示している。

『川角太閤記《かわすみ》』には、堀秀政と大津で対戦したとき、光春は名馬に乗って、「湖水渡り」をして、坂本城に入城したと記されている。『惟任退治記』には、小舟で坂本城に向かい、立て籠もったとある

ので、事実かどう疑わしいが、光春の決死の行動をうまく表現していて興味深い。また光春が合戦の時に着用した白練の羽織には、狩野永徳が水墨で「雲龍図」を描いていたとも云われる。光春が塗師の子であったとすれば、その父親から、芸術的センスを受け継いでいただろう。狩野永徳の絵画を愛していたのかもしれない。

光春の生涯を検討したことで、玉子の母・姉（光春の妻）や弟が天正十年に坂本城で亡くなっていることが判明する。

明智光忠

光秀の次女と思われる女性は一族の光忠に嫁している。光忠もまた光春と同じく光秀の従兄弟であると『明智軍記』は述べており、叔父の光安の死にあたって光秀に託された親族であるようである。光秀の婿として相応しい人物であったと思われる。

織田信澄

光秀の三女が嫁したのは、織田信澄である。信澄は信長の弟で、弘治三年（一五五七）清須《きよす》において兄信長に対する反逆を企てたとして誅戮された、信行《のぶゆき》の子息である。母は和田氏の娘で「高島の局」という人であったとされる（『寛政重修諸家譜』四九一）。父信行の死後、信澄三歳の時、織田家当主となっていた信長に謁見し、信長の命で柴田勝家の元で養育されることになった。したがって育ての親は勝家であることがわかる。信澄が元服したのは永禄七年（一五六四）正月であるとされる。この元服の年から推定して、信澄が生まれたのは、一五五〇年前後であったと考えられる。信長に謀叛を企てたとして誅殺された父親の子であり、その敵の時代に成長した信澄の境遇は、後の明智玉子の境遇に似たものがある。そのためか、織田の名は名乗らず、元服以後は津田を称している。

こうして信長の甥でありながら信長には一歩退いて家臣格で仕えなければならなかった信澄は、元服の年に尾張国川西の地を宛行われ、十四年後の天正六年（一五七八）には、近江国大溝《おおみぞ》の城を与えられる。その後も戦功を挙げ、天正十年（一五八二）年五月、信長の四国征討の軍を率いる部将として、兵を率いて大坂城にいたところ、家康が京、大坂、奈良、堺などを遊覧するため大坂城に赴いたので、信長の命を受けて、懇ろに饗応をしたという。その直後に起こったのが本能寺の変である。事件直後、神戸《かんべ》信孝《のぶたか》（信長の子息の一人）、丹羽長秀などは、信澄を「うたがひて」俄に信澄を攻撃した。信澄に従う兵たちは、大坂城外にあったので、多勢に無勢、信澄はついに千貫櫓で自害した。年は二十八歳とも二十五歳とも云われる。

死去の年（一五八二）年から逆算すると、二十八歳で亡くなったのなら、信澄は一五五五年生まれとなり、二十五歳説なら、一五五八年生まれということになる。元服時の永禄七年には、それぞれ十歳、七歳ということになる。

また信澄と光秀の娘との婚姻は、信長の勧めというより命令で、天正二年になされたことが『細川家記』に記されるので、婚姻時信澄は二十歳あるいは十七歳ということになる。

信澄にかけられた疑い

本能寺の変の直後に信澄が疑われたのはなぜであろうか。最も大きな理由は信澄の妻が明智光秀の三女であった点にあると思う。信長を殺害したその張本人の娘婿であるから、光秀との同調を疑われたのであろう。しかし信澄は、この年五月から信長に命じられた四国征伐に軍を廻らしており、大坂城に引き連れていた家臣は、家康饗応のためか、城外で待機させていた。「兵少うして」という『家譜』の表現がこのことを物語っている。信澄はまたこのころ丹羽長秀と共に信長の「大坂城代」を務めていたので、信長の命に背く要素はなかったといえる。こうした状況から考えると、光秀の謀叛に同調していたとは考えがたい。

また、信澄を疑ったのが織田信孝と丹羽長秀であったことがヒントになる。信孝は信長の次男であり、神戸氏の養子となって伊勢国神戸城に封じられていた人である。信長の子息であるため天正五年には、「従五位下侍従」に叙任され、天正十年五月には信長の命で兵一万五千を率いて四国征伐の将となっていた。信澄にとっては、総大将が自分よりも少し年下の信孝であるという状況に置かれたことになる。信澄にとっては、快く臣下の礼をとることがためらわれる若き主君であったのではなかろうか。この信孝も翌十一年五月、柴田勝家と歩調を合わせたために自殺せざるをえなくなっている。

丹羽長秀は天文十九年（一五五〇）ごろから信長に仕えその奉行として重臣の列にあった人で、信長の元で様々な合戦で戦功を挙げ、柴田・明智などの同僚の合戦に参戦し、あるいは援軍を送った武将である。天正十年の五月には、信澄と共に「大坂城代」として大坂にいた。本能寺の変を聞いて急遽河内国守口まで進めていた兵を引き上げ、信孝と共に周辺部を制圧し、信孝と共に信澄を大坂城に攻め、信澄を自殺させた。その後丹羽長秀は、羽柴秀吉と合流し、山崎の戦いで光秀を破っている。清州会議後は長秀が若狭一国と近江国滋賀・高島両郡を領することとなり、かつて信澄が住んでいた大溝城に入っている。こうした本能寺の変時の丹羽の素早い対応は、さすが信長の重臣らしい動きであった。

本能寺の変のころ、織田信孝を将として、信澄も、丹羽長秀も、大坂に出兵していたことがわかった。このころ、丹羽と信澄は織田政権の「大坂城代」に任じられていた。したがって信澄が丹羽と信孝から疑われたのは、光秀の娘を妻としていたことから、無理からぬことではあったと思う。しかし信澄攻撃が即刻なされた背景には、信長の戦略を身につけた丹羽長秀の、禍根を後世に残さないという判断があったのではないだろうか。

丹羽長秀という人

さらに、丹羽氏について付け加えておかなければならない点が一点ある。丹羽長秀は天文十九年（一五五〇）年、十五歳の時から信長に近侍したとされるので、一五三六年生まれであったことになる。その丹羽長秀の妻は信長の「姪女」すなわち信広の娘であり、この婚姻は信長が命じた婚姻であったと『寛永諸家系図伝』は記す。信長の親族の列に加えられていた家臣であり、信長への恩義や忠誠心は殊に強かったと考えられるのである。

そして信長の死の翌年、秀吉時代の幕開け時に、丹羽長秀の嫡子長重《ながしげ》は信長の娘と婚姻をなしている（同）。長重は元亀二年（一五七一）生まれであり、長重の信長娘との婚姻は、一五八二年、長重十二歳の時に秀吉の命でなされた婚姻であるとされる。これが事実であるとすれば、信長の亡くなった年に、丹羽長重と信長の娘の婚姻が実現していることがわかる。これは「秀吉の命をもって」と『寛永諸家系図伝』にあるので、おそらくは本能寺の変以後のことであったと推測できる。本能寺の変時の信澄攻撃、続く清須会議で、丹羽長秀は秀吉との「交盟」を固め秀吉の盟友であることを世間に公表することになるが、その背景には、秀吉の斡旋で信長の娘を嫡子長重の妻に迎えるという、見事な婚姻関係の成立があったことがわかる。こうして丹羽氏は秀吉の盟友となり、柴田勝家と袂を分かったのである。丹羽氏がその後の北ノ荘攻撃で秀吉方として奮戦し、戦後秀吉から越前、若狭、加賀半国を「たまハ」る背景には、子息の、秀吉の斡旋による、信長娘との婚姻があったことがわかる。長秀は天正十三年（一五八五）五十一歳で亡くなっている。

＊五十一歳で卒去したという死亡時の記載が正しければ、長秀が生まれたのは、一五三五年で、天文十九年の信長への仕官は、十六歳の時のこととなる。また『寛政重修諸家譜』六九九にも、長秀は天文四年（一五三五）生まれと書かれている。天文十九年から信長に近侍した点についても両史料に相違がない。成人になるとすぐに信長に家臣化した人であった。

丹羽長秀は信長の親族でもあったから、信長の死を受け入れることができず、明智光秀の婿である信澄を即時に討ち滅ぼす行動に出た理由がわかる気がする。

したがって、信長の親族、中でも信長の姪を妻とする長秀、信長の娘と婚姻した長重親子にとっては、信長は単に主君であるばかりでなく、姻族として固く結び合わされた人であったことになる。こうした丹羽氏の二代にわたる織田信長の近親者との婚姻は、まさに毛利元就が重視して自ら形成しようと努力した「重縁」関係に他ならない。丹羽家は信長とは、他の家臣層には見られない固い婚姻関係をもって結びついていた重臣であった。

さて、織田（津田）信澄のひととなりについて、『多聞院日記』は「一段逸物」であったと評価している。信長の甥に相応しい優れた能力をもった人であったのだろう。

信澄のひととなり

また信澄の子が系図には記されている。男子二人であったとの説と、男子・女子一人ずつであったとの説があり、混乱しているが、この子供たちのうち男子は大坂の役で秀頼《ひでより》方として戦ったりしているので、処刑されずに生き残っていたことがわかる。信澄は本能寺の変後に自害したが、子供達は光秀娘の子でもあったのだが、生き延びていたことになる。

第二章　織田信長の兄弟姉妹・子女の配置

1　信長時代の織田氏

　ここで、信長時代を理解するために、織田信長の兄弟姉妹とその子について見ておきたい。信長には次頁のような兄弟姉妹とその子がいた。

信長の兄弟姉妹

信長の兄弟は十一人、姉妹は七人が系譜に記されている。男性女性のそれぞれの区分の中では、ほぼ年齢順に記されているようである。また信長には十一男十一女があり、さらに養女が一人あったことがわかる。兄弟姉妹の数が実に多く、信長の子供の数も多かったことになる。

信長の兄弟は、その多くが、合戦などで討死したり（信広・信治・信興・秀孝・秀成・長利）、あるいは自殺しており（信時）、子孫が家を継承させることができたのは、信行、信包《のぶかね》、長益《ながます》の三人と、中根氏の養子になった某（一説にこの人の名は信照で、秀成の兄）の四人にすぎない。信長の成長した時代

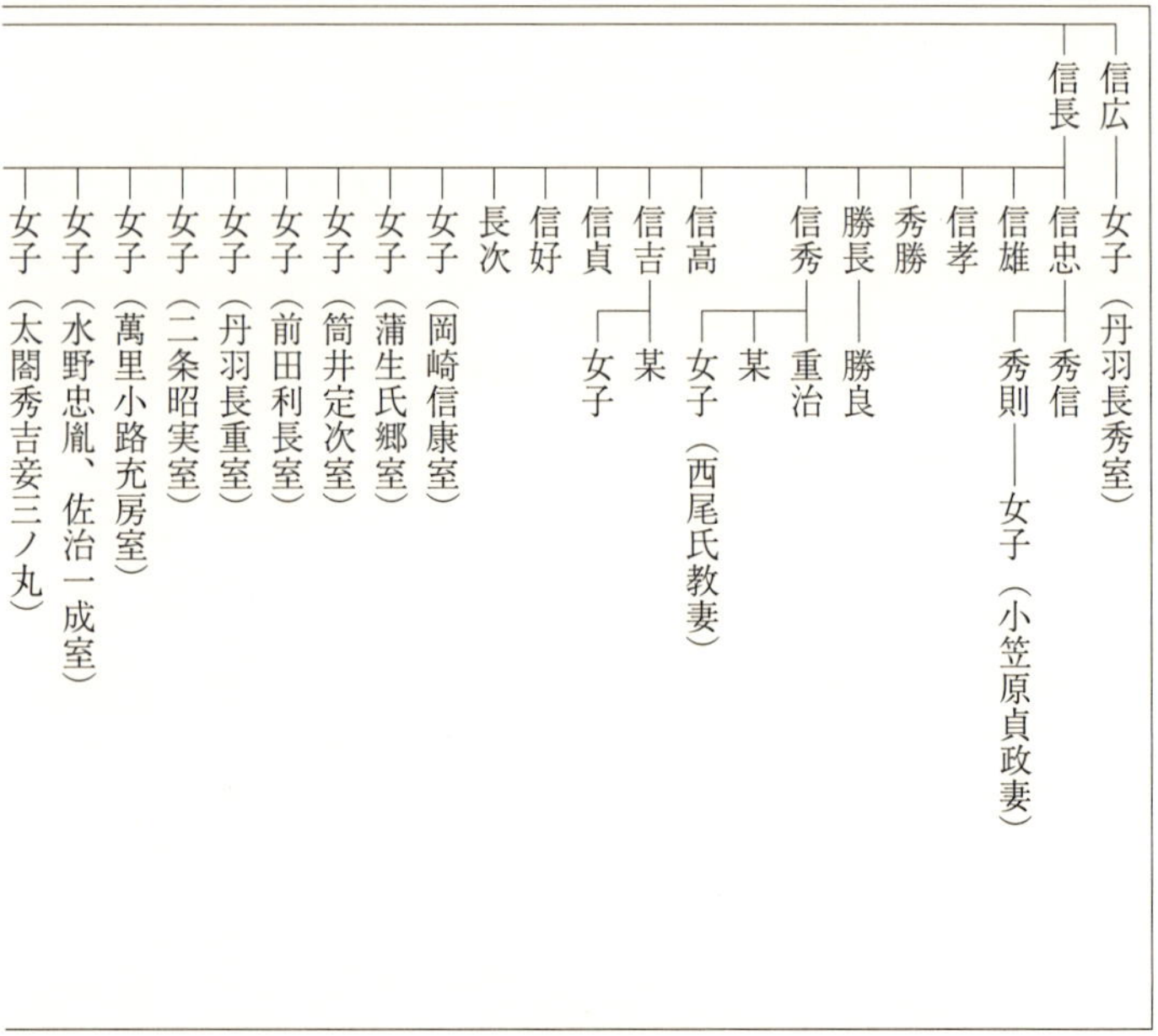

織田氏系図

が戦国期から織豊政権期にかけてであって、どれほどの犠牲者が出た時代であったかを推測させるに十分な、若死にした者の多さである。

一方信長の姉妹は、長女と目される「お市」（浅井《あざい》長政《ながまさ》、柴田勝家室）をはじめとして、神保《じんぼう》氏、稲葉氏、大山氏、飯尾氏、佐治《さじ》氏、苗木氏など、信長の征服地となった尾張・美濃の武士たちのところへ嫁していることがわかる。

少し詳しく信長姉妹について検討してみよう。

お市の方

「お市」は天文十六年（一五四七）生まれであるから、天文三年生まれの織田信長より十三歳年下である。実の妹か、

- 女子（中川秀政室）
- 女子（徳大寺実冬室）
- 女子（実は苗木某の娘。養女として武田勝頼の室）
- 信行──信澄
- 信包
- 信治
- 信時──女子（池田信輝養女）
- 信興
- 秀孝
- 秀成
- 某（中根忠貞養子）
- 長益（入道有楽）
- 長利
- 女子（浅井長政室、のち柴田勝家室）
- 女子（神保氏張妻、のち稲葉貞通室）
- 女子（大山夷斎妻）
- 女子（飯尾信宗室）
- 女子（佐治為興に配し、後細川昭元に嫁す）
- 女子（苗木某妻）
- 女子（乃不某に嫁す）

系譜上の妹かはわからないが、世間一般に「妹」と称されるのは妥当である（拙著『戦国の女たちを歩く』）。

このお市の浅井長政との婚姻は永禄十一年（一五六八）である。すでに信長が入京を果たそうとしている時点であるから、信長の浅井氏との連携をねらっての婚姻であることは明白である。信長の父信秀《のぶひで》の婚姻策ではない。そして、婚姻時お市は二十二歳、信長は三十五歳という年齢になっていたことになる。

このお市の婚姻の年が、信長の他の姉妹の婚姻を検討する時の基準になる。

お市の妹・稲葉貞通室

お市を信秀の長女とすると、二女は神保

氏張《うじはる》室であり、次いでこの人は稲葉貞通《さだみち》室となったとされる。稲葉貞通は稲葉一鉄《いってつ》の嫡子である。一鉄は土岐《とき》、斎藤氏に仕え、その後信長に仕えた武将であるので、貞通の正室には斎藤道三の娘が迎えられた。信長の妹は「継室」と記されるので、道三の娘が亡くなったあと、正室となったのであろう。貞通は天文十五年（一五四六）生まれであるから、お市より一歳年上である。貞通は信長に仕え、信長の死後秀吉に仕え、また信長と死を共にした信長長男信忠《のぶただ》の忘れ形見「三法師《さんぼうし》」（秀信《ひでのぶ》）にも仕え、関ケ原では秀信の元で戦ったが降伏し、井伊直政を頼って東軍に付き、郡上八幡城を攻め、その功で豊後臼杵《うすき》城五万六十石をもらっている。近世大名にうまく転身できた人であった。お市の妹との再婚の年は不明であるが、この妹が五人の子供を産み、末女は柴田勝豊の妻となっていることから、お市の婚姻とはそれほど離れない年に稲葉貞通の継室になったものと考える。なお、貞通にはもう一人妻がいた。前田玄以《げんい》の娘である。

また貞通の正室道三の娘は、稲葉典通《のりみち》を産んでいた。典通は稲葉家の嫡子である。その典通は正室に丹羽長秀娘を迎えている。次いで典通の子一通は、細川忠興娘を正室に迎えている。こうした婚姻関係（特に細川家との関係）が、関ケ原以後の稲葉家の存続に預かっただろうことも推測できる。

飯尾信宗室

信秀の四女は飯尾信宗《のぶむね》に嫁している。信宗は父定宗の代からの織田家の家臣である。信宗は一五二八年生まれであるので、お市より二十歳ほど年齢が高い。信宗は初め信長に仕えていたが、のち、信雄《のぶかつ》（信長次男）に仕えており、天正十八年（一五九〇）近江八幡山城主になっている。ということは、信長、信雄と、織田家の家臣として一生を貫いた人であったのであろう。

お犬の方

五女は「お犬」の名で知られている人である。お犬の初婚の相手は佐治為興（信方）である。この佐治氏も織田家家臣であり、尾張大野城主であったが、天正二年（一五七四）の信長の伊勢長嶋一揆との戦いで、討ち死している。そのためかお犬は天正四年細川昭元《あきもと》と再婚する。昭元は細川京兆家当主となった人で、父は細川晴元《はるもと》、母は六角定頼《ろっかくさだより》の息女という、高い家柄に生まれた。昭元はお市の一歳年下である。昭元は少年時代は家柄の高さに反比例して、人質として苦労を重ね、永禄十一年の信長入京以来、信長に属している。信長は入京時、足利義昭を奉じていたからである。細川管領家としてのそれまでの歴史があったので、昭元は足利家に仕え、また足利家を庇護する信長にも属したのであろう。天正三年、桑田、船井二郡を賜り、従四位下右京大夫に任じられた。その翌年天正四年にお犬と婚姻している。その後信長時代に、信長の蹴鞠の相手などを務めたという。もとの室町幕府時代の管領家として、信長の足利政権との関係の修復に役割を果たしたのであろう。

信長の婚姻政策

以上述べてきたように、信長は自分の姉妹たちを、尾張・美濃という制圧し終えた地域の武士達のもとへと、姉妹を送り込んだことがわかる。これは、家臣団の強化策であり、飯尾氏や稲葉氏との信長姉妹の婚姻はこれを示している。信長の最も重視したのはお市の婚姻であり、信長の目的は戦国大名浅井氏と結束することにあった。そしてこのお市の婚姻を契機に、その後はお犬を細川昭元に再婚させ、足利将軍家を圧倒するために細川家を取り込むことにも成功したと考える。

2　信長の子女の役割

信長の子女

これに対して、信長の子息と娘たちはどのような役割を担って婚姻したのであろうか。信長の妻生駒氏を母とする信忠と信雄は、信長後継者候補として育てられたであろう。坂氏を母とする信孝は神戸氏の養子とされている。秀勝は秀吉の養子、勝長は武田信玄の養子となっているので、嫡出子以外は大名家やしかるべき家臣の養子として排出したことがわかる。信長の妻としては、生駒氏、坂氏の他に、信高の母高畑氏、信貞の母土方氏などの名が見える。信忠、信雄、信孝以外の男子は、家を存続させた者もあるが（信高、信貞）、関ケ原合戦で戦死したり（長次）、死去の理由の記されない者も多い。男子の中では嫡出子と庶子の間の差が大きいのが特徴である。

信長の娘は、武士階級としては、岡崎信康（徳川信康）、蒲生氏郷《がもううじさと》、筒井定次《つついさだつぐ》、前田利長《としなが》、丹羽長重、水野忠胤、羽柴秀吉、中川秀政という、信長家臣団の重臣たちと婚姻を遂げていることが大きな特徴である。それだけではなく二条昭実《にじょうあきざね》、萬里小路充房《までのこうじあつふさ》、徳大寺実冬という公家階級との婚姻もなしている。信長の娘達の婚姻について、以下に考察する。

信長の娘、徳姫

信長の娘の婚姻の中でも、最も重要であると考えられるのは、長女と思われる「徳姫」の松平信康との婚姻である。松平信康は永禄二年（一五五九）に生まれている。徳姫も同年の生まれである。信康の父は家康、母は関口義広の娘「築山殿《つきやまどの》」である。四歳の時、信康は母と共に、今川氏との人質交換で、岡崎城に帰っている。翌永禄六年（一五六三）信長の娘徳姫（「五徳」とも呼ばれた）と婚約を結んでいる。婚姻は永禄十年（一五六七）である。なぜなら、婚約を結んだ年には、徳姫・信康共に五歳に過ぎず、婚姻を急ぐ必要はなかったからであろう。婚姻が成立した年、二人は九歳である。

その後信康は元亀元年（一五七〇）に元服し、岡崎城主となった。しかしまだ少年であるため、「傅役」兼「家老」として、平岩親吉《ひらいわちかよし》が補佐に当たった。徳姫は信康との間に二女を産んでいる。しかし武田氏と通じているという疑念が信康に掛けられ、徳姫が信長に書状を送ったことが発端となり、天正七年（一五七九）信康は自害に追い込まれる。理想的とも思えた政略結婚は、この二人の結末から見ると、あまりにも幼いうちに取り決められたものは、本人同士の自覚が伴わないためか、失敗に終わることもあることを示しているように思われる。徳姫の婚約はお市の方の婚姻の五年も前であり、九歳での婚儀もお市の婚姻の前年であることが知られる。信長が打った政略結婚第一号がこの婚姻であった。しかし信長の意図は実現できなかった。信長の家康との隙は、この婚姻の破局によって、大きなものになったと考える。

徳姫は大の自害以後京に移り住み、寛永十三年（一六一三）に亡くなった後、信長の葬られた大徳寺総見院に葬られた。

幼い徳姫に、松平家との婚姻という大役が課せられたのは、この人も生駒氏を母として生まれた女子であったという点にあったと思う。信長が男子信忠を嫡子と見なしていた点からも、生駒氏が信長の正室格であったといえると思う。

徳姫の妹たち

徳姫の妹四人は、蒲生氏郷、筒井定次、前田利長、丹羽長重と婚姻している。このうち丹羽長重との婚姻は天正十年（一五八二）であることが判明しているので、信長死後の秀吉の斡旋による婚姻であることは、前章で述べた。丹羽氏以外の信長家臣との婚姻について、次に考察しよう。

蒲生氏郷室となった信長二女の婚姻は、氏郷の系譜から、永禄十二年（一五六九）であることがわかる。氏郷は賢秀《かたひで》の子息であり、六角氏の重臣で、近江日野城主である賢秀は、子息のこの婚姻の前年に信長に降り、人質として氏郷を差し出していた。永禄十一年に義昭を奉じていったん入京を果たしていた信長にとって、蒲生氏を家臣として固く結びつけておくことは、重要課題と認識されたのだろう。こうして信長の娘（二女）の婚姻は、徳姫の婚姻の二年後に成されたのである。

信長の三女は筒井定次に嫁している。定次は順慶《じゅんけい》の実子ではなく、持明寺順国の二男として永禄五年（一五六二）に生まれている。十一歳の時、元亀三年（一五七二）順慶の養子になっており、この時十一歳であったことになる。その後筒井家の後継者候補として働くが、順慶の死によって筒井家を嗣いだのは、天正十二年（一五八四）定次二十二歳の年である。このような系譜から考えて、定次十五歳時の一五七六年から、遺領を継いだ一五八四年までの間に、信長三女との婚姻は成されたと推測する。

信長四女は前田利長に嫁している。利長は前田利家の嫡男であり、永禄五年（一五六二）生まれであるから、筒井定次と同年である。利長の信長四女との婚姻は、天正九年（一五八一）十二月とされるので、利長二十歳の時のことであったことがわかる。信長の死の前年である。前田家の系譜（『寛政重修諸家譜』千百三十一）には利長の実子は記されず、利長の跡目は弟の利常が継いでいるので、信長娘との間に子は生まれなかったようである。

五女で丹羽長重に嫁した女性との婚姻は、一五八三年になされており、信長の死後である。そしてこの婚姻は「秀吉の命」で成されたことが系譜に記されているので、前述のように信長が婚約をさせ、秀吉がそれを実現したと見るのが正しい。

このように、信長の娘は信長の重臣の家に嫁していることが共通点としてあげられる。徳川氏と結束するために徳姫を少年信康の元へ送り、近江平定の前に蒲生氏郷に二女を嫁がせ、丹波・但馬と播磨平定を目標に筒井氏に三女を、そして四女を前田利家子息利長に嫁させ、丹羽長秀の息と五女の婚姻を約させたのであろう。

そしてこれらの信長の婿たちは、後に述べるように、本能寺の変の時には、明智光秀に加担しなかったり（筒井氏）、光秀の婿となっていた織田信澄を討ち（丹羽氏）、安土から信長家族を引き取る（蒲生氏）など、信長の親族としての繫がりを忘れてはいなかった。

公家の妻となった信長の娘たち

六女、七女、十一女は公家との婚姻である。六女の嫁した先は二条昭実である。昭実の父は関白二条晴良、母は伏見宮貞敦親王王女位子である。生年は弘治二年（一五五六）であるから、徳姫より三歳年長である。二条家は公家の中でも最高の位置にある公家である。昭実は永禄十一年（一五六八）元服、天正十二年（一五八四）左大臣になっている。元服は十三歳、左大臣拝命は二十九歳である。よって、信長の六女との婚姻は永禄十一年から、天正十二年の間で、永禄十一年信長入京に近いころであったと推測できる。

二条昭実は信長の死後天正十三年に関白になったが、のち関白を秀吉に譲った。そして、徳川家康の「禁中並公家諸法度」制定に参画し、秀忠、家康と共にその制定者として連署している。二条昭実は織豊政権期を時の権力と協調することによって乗り切った公家の代表であったといえる。

七女の婚姻相手は、萬里小路充房である。充房の父は贈内大臣勧修寺晴右である。この人の元服は天正元年（一五七三）で、参議・従三位になったのは、天正十七年（一五八九）であるから、充房の十二歳での元服以後、信長の死（天正十年）までの間に婚姻がなされたものと推測する。

充房はその後慶長七年（一六〇二）従二位まで昇進するが、元和年間の宮中風紀紊乱事件に坐して流罪に処され、翌年（元和六年）に亡くなっている。

八女、九女、十女の婚姻　八女は水野忠胤《ただたね》、のち佐治一成《かずなり》に嫁し、九女は太閤秀吉の側室となっている。後者は「三ノ丸」と呼ばれた。十女は中川秀政室となり、十二女は苗木氏から迎えた養女で、武田勝頼《かつより》の室となっている。八女九女十女について検討しよう。

八女の婚姻先は水野忠胤である。忠胤は兄勝成ともども信長の家臣であった。八女の再婚相手の佐治一成は織田信雄（信長次男）、次いで秀吉時代は信包（信長の弟）の家臣となった人である。八女は織田家に仕える武士の家との婚姻をなしていたことになる。

十女の婚姻先の中川家も信長家臣である。秀政は清秀の子で、永禄十二年（一五六八）の生まれであるから、徳姫より十歳年下であったことになる。秀政の父清秀が天正六年から七年にかけて荒木村重を討ったその功績によって、信長第十女の婿となったとされる。この年秀政は十歳であるから、徳姫の場合と同様に、婚姻の約束を父同士でなしていたものと考える。秀政が父の跡を継ぎ、茨木城主となったのは、信長死後の天正十一年であり、十五歳の時のことである。したがって、信長十女は秀政とほぼ同年であったと推測する。

中川秀政は、秀吉時代に秀吉家臣として活躍したが、文禄二年戦陣で受けた傷がもとで、二十五歳で亡くなっている。

養女苗木氏

十二女は苗木氏の娘で、信長の養女として、天正五年（一五七七）勝頼の継室として武田氏に嫁している。武田勝頼は信玄の四男として、天文十五年（一五四六）に生まれた。徳姫より十三歳年長である。勝頼は、父信玄が病死したことによって、二十八歳の天正元年（一五七三）、武田家の家督を継いでいる。勝頼の正室は北条氏康の娘であったので、信長十二女は継室として天正五年に婚姻している。勝頼はこの年三十二歳である。夫の勝頼が父信長と徳川の連合軍に敗れたので、十二女の勝頼との婚姻期間は五年と、短いものであったことになる。

十二女は徳姫同様、信長の政略結婚の道具とされた女性であったといえる。

信長の娘の婚姻の特徴

信長の娘は、養女を含めて十二女を数え、公家、配下の武将のほか、松平氏、武田氏など、近隣の戦国大名家にも婚姻先が設定されていたことが特徴である。そして、配下の武将の元に嫁した娘たちは、その役割を最もよく果たし、信長一族に最後までよく尽くしたのである。対戦国大名という点では、信長妹お市を浅井家に送ったのと同じ考えに基づいていたと考える。これら戦国大名との協調路線を、信長なりに追求したことの現れであったと思う。しかし、浅井、松平、武田氏への輿入れが、結局破局を迎えることになったのは、いかにも皮肉なことではあるが、信長が初めから破局を狙ってお市を浅井家に嫁させたのではないことは、断言できる（拙書『日本中世の女性』など参照）。

3　信長の婚姻政策

婚姻政策を重視した信長

信長の姉妹、娘の婚姻関係を検討して得られた結論は、お市、徳姫、十二女という三人の女性の婚姻が重要であったと思われること、徳姫の婚約（永禄六年）が最初で、お市の婚姻がそれに続き（永禄十一年）、このころより公家との婚姻をも計画して実行するほか、広く配下の有力武将に対して、功績を挙げたものには、本人やその子息に娘を婚姻させるなどして、結束を強めたことがわかった。徳姫の夫信康が切腹させられ、十二女の夫武田勝頼が自刃したのには、共通の問題が横たわっているらしいことも見えてきた。

つまり、信長は徳川と手は結ぶが、武田とは相容れない関係にあったからである。信康の切腹の原因には、武田家に通じている家臣の一揆や、信康自身の不行跡が理由となっていたと考えられる。

婚姻関係の形成に見る信長の意図

このように、信長は武家の棟梁となるだけでなく、「天下人」として、朝廷や公家寺社をも掌中にすることを構想していたように見える。そしてそれを実現する手段の一つとして、姉妹と娘の婚姻関係の形成を積極的に追求したのである。信長の家臣の側から見ると、信長の娘を嫁取りすることは大変な名誉である。信長は娘や養女を駆使して、主従関係を強化することに着目した最初の天下人であったことがわかる。自身の娘や養女の行き先を考えると同時に、後に玉子についての第五章で検討するように、家臣団間の婚姻関係形成にもきわめて積極的であったのが、信長であった。

信長は、武力で足利氏を打倒し、武力で全国平定に邁進したといわれる。その点に誤りはないが、武力での平定の背後には、本章で見たように、公家へも、近隣戦国大名へも、足利幕府管領家へも、そして幅広く重臣以下の家臣団に対しても、姉妹や娘の婚姻関係を設定し、子息は養子として送り出して近隣を固め、養女までとって信長の構想を支える親族・姻族を形成していたことがわかった。子女配置の幅広さには驚きさえ覚える。そしてこのような信長の子女配置を継承したのが、秀吉であったようにみえる。この点は玉子と忠興についての第五章で、再考したい。

第二章　信長と光秀・藤孝

1　信長への家臣化

玉子の実父明智光秀と、夫忠興の父藤孝（幽斎《ゆうさい》・玉子の舅）の二人は、主君信長とどのような主従関係を取り結んでいたのであろうか。玉子と忠興の婚姻以前の、光秀や藤孝がいつどのような経緯で信長の家臣となり、信長とどのような関係を結んできたか、婚姻以後の主君信長の構想に、明智氏、細川氏がどのように参画していたのか、について考察しておきたい。ただしその考察においては、信長の他の家臣達、特に秀吉と柴田勝家の動向にも注意を払う必要があると考えるので、信長の主要家臣達の動きの中で、光秀と藤孝・忠興の配置や役割について考えてみたい。

羽柴姓の由来

織田信長が今川義元を破った桶狭間の合戦の年（永禄三年・一五六〇）、信長は二十七歳の青年武将であり、一五三七年生まれの羽柴藤吉郎は二十四歳で、すでに信長

細川藤孝（幽斎）（京都市・天授庵蔵）

の家臣となり、翌年にはおねと婚姻を挙げ、以後永禄八年（一五六五）ごろには柴田勝家や丹羽長秀と並んで信長の四奉行の一人にまで出世していた。「羽柴」藤吉郎の姓は柴田と丹羽両氏からもらったものであることが、このころの秀吉の位置をよく示している。丹羽長秀の系譜には、丹羽、柴田は信長の「股肱の臣」であり、秀吉はまだ「微臣」であったので、二人が信頼厚い臣下であったことを慕って両氏の一字を採って「羽柴」と称したとある（『寛政重修諸家譜』六九九）。

奏者光秀

永禄十一年（一五六八）、室町幕府の最後の将軍足利義昭は、朝倉氏を頼ったが、頼り甲斐がないと判断し、信長を頼ろうと使者を遣わす。その使者は和田惟政《これまさ》と細川藤孝であった（『細川家記』は使者は上野清信と藤孝であったとする）。和田・細川の両使者のうち、細川藤孝とこれ以前から交渉があったのが、すでに信長の臣下となっていた明智光秀である。足利義昭は永禄十一年七月、信長の招きに応じて一乗谷の朝倉氏の元から、美濃国岐阜に赴き、信長に謁見している。このとき信長方の「申し次ぎ」を務めていたのが光秀であったと『細川家記』は伝えている。「申し次ぎ」とは奏者のことである。光秀はこれ以前から信長に仕え、文官の中でも奏者という役割を務めるほど、かなり高い地位に上りつつあったことがわかる。

翌年義昭はまた信長に使を送るが、その三人の使者の内に藤孝が含まれている。したがって永禄十一、二年までは、藤孝は足利義昭の信頼する家臣の一人であったことがわかる。そして永禄十一年九月、信長は足利義昭を頂いて入京を果たした。

光秀と藤孝は義昭に属す

翌永禄十二年（一五六九）、信長の援助（後詰）を期待して義昭は三好氏と戦うが、この戦いに明智光秀と細川藤孝が二人揃って義昭方の家臣として登場するので、永禄十二年以後両人は義昭の家臣となっていたことが知られる。つまりもともと足利義昭の家臣であった藤孝と、一歩先に信長の家臣となって奏者に出世していた明智光秀の両人は、永禄十二年に信長の家臣団の中に組み込まれ、義昭方として参戦していることがわかる。そしてこのころは義昭と信長の関係が良好であったので、自然に信長の目に藤孝の姿が止まったのであろう。

義昭の家臣として信長の目に止まった藤孝は、足利家の幕臣三淵家に生まれた。そのため自然に家職を継ぎ、永禄八年に将軍義輝《よしてる》が殺されたとき、義輝の弟覚慶（のちの義昭）を救い出し、乳母も連れて、春日山から玉水、八嶋郷へと逃れ、その後は、義昭に従って六角氏、武田氏、朝倉氏を頼る旅に御供していた。そのため義昭が朝倉氏を頼った時点で、光秀を知り、光秀の助言で、信長を頼ることに成功したようである（『細川家記』）。

信長配下の光秀の活躍

元亀元年（一五七〇）年になると、明智光秀の活躍は目覚ましいものとなる。四月に丹羽長秀と光秀は若狭へ出陣し、武藤氏から人質を取るようにと指示され、母親を人質として差し出させている。合戦に明け暮れる日々の始まりである。この年から明智光秀は信長家臣の中でも重い地位に就くようになったと考えられる。その理由は、丹羽長秀と並んで名が登場するようになっているからである。

八月九月には、浅井・朝倉攻めが本格化するが、このころ明智光秀も信長配下として攻撃に加わっている。光秀の信長臣下としての軍事行動も目覚ましいものになり始めたことがわかる。

元亀二年五月には近江箕浦《みのうら》で箕浦合戦が行われ、浅井・朝倉と通じていた比叡山が九月に討伐され、焼き討ちに遭う。こうして近江に大きな勢力を築いてきた比叡山の勢力が弱体化されたため、近江国の志賀郡が明智光秀に下され、比叡山の本拠地であった坂本を拠点にすることが命じられている（巻四）。光秀と坂本城との関係はこうして始まった。しかしまだ元亀二年の段階には「城」とは言われていないので、城郭の体裁は調っていなかったと思われる。明智光秀の坂本在城は、信長配下の武将として功績をあげたことを契機として始められたことがわかる。

坂本を拝領

光秀が元亀二年に坂本を拝領したことには、大きな意義がある。秀吉よりも先に城持ち大名に抜擢されたことと共に、京に近い南近江の坂本を光秀に預けたのは、信長が京都にいる足利義昭や三好・松永氏らを、光秀に監視させるという大役を与えたためであろう。岐阜を本拠地とする信長の、京都の情勢の監視役とそこに隣接する近江南部の支配を、光秀に任せたのが、坂本への光秀配置の意義であったと考える。義昭の動静の監視は、信長にとってこの時期の最大の関心事であった。また信長は村井貞勝と日乗上人を奉行に任じて禁裏の修理を三年前から行わせていたが、このころようやく完成に近づいていた。こうした京都の情勢を、信長の重臣の一人として、監督させようとしたのが、光秀の坂本城拝領という処遇であったと思う。

2　信長の意見状

元亀三年（一五七二）十二月、信長と義昭の関係は決裂するに至る。信長は十七カ条の意見状を義昭に突きつける。この事態を『信長公記』は「公方様御謀叛付十七ヶ条のこと」と述べ、義昭の行為を謀叛と決めつけている。

信長と義昭の決別

この十七ヶ条の詰問状の中に、光秀に関する一条がある。

一、明智地子銭を納め置き、買物のかはりに渡し遣はし候を、山門領の由仰せ懸けられ、預ヶ置き候者の御押への事。

右の一条は、明智光秀が京中から徴集した地子銭を、義昭に納めたところ、京中は山門（比叡山）が管理するところだと言って、地子銭を預けた義昭家臣に横領させた、ということを述べている。地子銭は室町期、酒屋・土倉から徴集していた幕府の税である。京中の酒屋・土倉には比叡山の支配下にあるものが多く、彼らは「山門気風の土倉」と呼ばれていた。酒屋・土倉が比叡山の支配下にあることを口実に、幕府の地子銭を滞納したり、免除されようと意図したからである。明智を使って信長が地子銭を義昭に渡したところ、そのような口実を持ち出して、義昭が家臣を使ってこれを横領したというのである。

この条から、光秀は京都で酒屋・土倉から地子銭を集める役目、すなわち京中支配の任に当たっていたことが推測できる。後の京都所司代の役目の一部を光秀は果たしていたのである。坂本にいた光秀は、信長の指令に基づき、商工業者から地子銭を徴集するような重要任務、すなわち、京中支配を担当していたことになる。

この地子銭に関する一条の他、他国から義昭に進上された金銀を、義昭が公表せずに隠して置き、「御用」（義昭の使用）にもあてられなかったとか、義昭が蓄えていた城米を売って金銀に換えたのは「公方様御商買」であって、今まで聞いたこともないことである、このような時期には兵糧として蓄えてこそ、外聞もよいことである、などと、信長は細々と十七条にも亘って義昭の行動を非難した（巻六）。信長がいかに義昭を細かく観察し、諸点を総合したとき、将軍の器ではないと判断し、欠点を全て指弾したかがよくわかる。

信長が義昭にこの詰問状を出した時、藤孝も義昭に「仁心を基とし、遊興を制し、政道に私なき」ことを求めて諫言をなしたところ、義昭は怒り、藤孝を誅すべきだと述べたという（『細川家記』）。

義昭は信長の敵

翌元亀四年（天正元年・一五七三）、信長の敵は武田、浅井、朝倉など方々にいたので「御手塞がり」の状態であったが、京都の義昭を牽制するために、信長は岐阜城から志賀郡に出陣してきた。そして志賀郡で明智・丹羽・蜂屋《はちや》などに堅田《かたた》などを攻撃させた。この合戦で志賀郡の過半は平定し、明智光秀を坂本城に据え、丹羽・蜂屋などの援軍を引き上げさせている。これは、京の義昭を「敵」と確認した証拠と京童たちは見ている。

坂本城の初見

ここで坂本については初めて「在城」という表現が登場する（巻六）。元亀二年の拝領以来、二年経って城郭という形態が調ったのであろう。坂本城ができたということは、光秀の家族も坂本城に入ったと考えてよい。前掲系図に示した光秀と正室熙子《ひろこ》、そして長女、次女、三女、四女と、五番目の子光慶《みつよし》、六番目の子十次郎までが元亀四年までに誕生していたと考えられる。末子乙寿丸のみが、坂本城での出生である。

坂本城跡（滋賀県大津市下阪本）

光秀の正室熙子

光秀の正室熙子は、前掲のように七人の子を産んだようである。『明智軍記』に、「七男乙寿丸」まで「いずれも一腹の兄弟也」とあるので、七人はすべて熙子の子であったことがわかる。つまり熙子は乙寿丸が誕生した天正三年（一五七五）まで確実に生きていたことになる。その後の史料が見えないことから、熙子は『明智軍記』の述べるように、天正七年ごろ四十四歳で没したと考えるのが妥当ではないだろうか。熙子の墓は、光秀と並んで坂本の西教寺にあることを見ても、熙子は光秀が坂本

西教寺（大津市坂本）

城主であった時代に、幸福な生涯を終えたといえるのではないか。

西教寺復興

元亀二年の信長の叡山攻撃のあと、近江南部を信長から拝領し、坂本城を築造した光秀は、焼き討ち時に破壊された天台真盛派の西教寺《さいきょうじ》の復興に努力する。元亀四年五月には寺に供養米を寄進しているが、これは、今堅田の合戦で亡くなった十八人の霊を弔うためであるという（寺蔵文書）。同年三月、西教寺の仮本堂が再建され、棟上げを挙行しているが、このように西教寺の復興に力を貸したのは、光秀である。「天正年中明智公所造之古木」と刻まれた古材があるところを見ると、寺の再建に坂本城主光秀が何かと援助をしている状況が見て取れる。

光秀の恩恵を受けて再興された西教寺は、のち明智家の菩提寺となる。ここには、光秀、熙子をはじめ明智一族の墓が多数残されている。

堅田の侍衆

ここで、信長に制圧された堅田についても、一言補足しておきたい。堅田は琵琶湖の最狭部の西岸にあって、中世には湖上交通や漁業、商業に大きな権限を行使した自治都市として有名なところである。中世には「堅田三方」または「堅田四方」と言われた。三方とは北ノ切・東ノ切・西ノ切であり、これに今堅田を加えて「堅田四方」と言われたのである。堅田は米をはじめ様々な物資の輸送を担っており、室町幕府が「堅田船」による米の輸送を許可した文書も残っている。信長はこのように湖上に強大な特権をもつ堅田の侍衆に着目し、元亀元年（一五七〇）猪飼野・馬場・居初《いそめ》氏を懐柔して、朝倉氏から織田氏へと鞍替えさせることに成功した。以後堅田の侍衆（「殿原」とも呼ばれた）は信長に奉仕し、船百艘を回漕したり、湖北攻めには「囲舟」を拵えて攻撃したりしている。しかし、今堅田だけは信長に従わなかったので、元亀四年（一五七三）二月、明智光秀に湖上から、丹羽長秀・蜂屋頼隆《よりたか》に地上から、今堅田を攻撃させ、ついに堅田を全て制圧したのである。こうして獲得した要地堅田もまた明智光秀が管掌する地域となった。堅田はその後も信長に従うことによって、湖上特権を保ち、地域内の惣結合を守る努力を続ける。天正四年（一五七六）に信長が建造した大船の使い勝手が悪かったのか、解体して、早舟十艘に造り替えさせた時にも、堅田の猪飼氏が指図にあたっている。信長の湖上交通の確保には、なくてはならない地域であった。

光秀坂本配置の背景

信長は元亀四年のころ、京都に自らの屋敷を建設しようと考えていた。上京武者小路に空き地があり、以前は寺の坊があったところであるという。京都に拠点を置こうと考えていた信長にとって、坂本に光秀を置くことは信長が光秀を臣下として信頼していたことに他ならないと考える。

元亀三年に信長が足利義昭に対して十七箇条の詰問状を突きつけ、明確に義昭と対決する姿を示したことを右に述べた。その十三条目には「明智が地子銭を納め置いたのに、それを義昭は家臣に横領させた」のくだりがあったことを見た。室町期、比叡山は近江に多くの比叡山領荘園を持っていただけでなく、京中の酒屋・土倉を配下に置き、そこから公事銭を徴集して収益を上げていたのであった。そうした世俗権力としての比叡山の僧坊は多く坂本にあった。世俗権力としての比叡山を信長は元亀二年（一五七一）九月に焼き討ちしていた。そして比叡山の本拠地であった坂本を光秀に与えたのであるから、光秀の近江における責任は重大であった。前年に厳しく敵対した比叡山の残映が、この地子銭の件で再び現れたと信長には感じられたであろう。

広がる光秀の役割

明智光秀は、信長が出動した、義昭を牽制しての元亀四年（天正元年）二月の近江平定戦に、信長配下として働いたが、このとき注目すべき記事がある。光秀は囲い船を拵え、湖上を東から西方の陸地へと攻め、丹羽氏、蜂屋氏と共に手柄を立てたので、志賀郡のほとんどが平定された、と『信長公記』に記されている。光秀は船軍《いくさ》にも練達していたようである。このことから、元亀二年に初めて坂本を与えられて以来、ここを拠点に、光秀は琵琶湖南部の船団を配下に置きはじめていたのではないかと思われる。それまで琵琶湖南半の舟運を牛耳っていたのは堅田であった。その勢力が信長軍の前に降伏したため、光秀は舟運を配下におさめることができたのであろう。

こうなると、光秀の守備範囲はさらに広がり。坂本を中心とする志賀郡の支配、比叡山延暦寺の監視、京中支配への関与と義昭の監視、琵琶湖舟運の統括など、より一層重要な任務を担当することになったと考える。そして光秀は坂本「城」に帰っている。したがって元亀四年（天正元年）二月には坂本城はその姿を現しており、様々な役割を近江南部で担う明智光秀の本城となっていたと考えてよかろう。

室町幕府の終焉

一方細川藤孝と荒木村重は、三月、入洛する信長を迎えに出ている。信長が入京したのは、足利義昭と彼を支持する勢力と最後の決戦をするためである。そしてその第一段として、洛外や上京を放火させた。次いで大船を建造し、それに乗って明智の城のある坂本までやってきて坂本に泊まり、七月七日、京都二条の妙覚寺に入り、陣を構え、真木嶋（槙島）へ移った義昭に目標を定める。こうして信長直々の指揮のもと、真木嶋城に拠った義昭を攻撃するが、その合戦には佐久間、丹羽、柴田、羽柴、蜂屋、荒木とともに明智光秀、細川藤孝・忠興父子も加わっていた。そして、足利義昭は七月に降伏し、「牢人（浪人）」となる。ここに室町幕府は終焉の時を迎えたのである。

光秀の調略

しかし義昭に心を寄せる人々の抵抗は続いたので、光秀は静原の山本氏の砦を攻めている。ここで注目されるのは、光秀がこの時「調略」をもって山本対馬を生害させ、首を北伊勢に陣を取っていた信長の元に届けている点である。光秀が単に武略だけでなく「調略」をもって戦う知将であったことが、この山本氏攻撃から判明する。

桂川西地の一職進退

細川藤孝はこの年七月十日、それまでの戦功に対して信長から「一職進退」として桂川西地を与えられる。細川藤孝の信長からの初めての所領給与である。この時藤孝は信長の朱印状をもって「城州之内桂川西地を限り」「一職」に与えられている。与

青龍寺城跡（京都府長岡京市）

えられた範囲は、北は嵯峨、南は山崎に至る、桂川から西、丹波山地より東の一帯である。また「一職」とは、中世後期に存在した領家職や加地子名主職などの複雑な権利関係を整理し、一職として、この範囲を与えられた細川藤孝と百姓の間に一元的な領主農民関係を成立させることを意図した、画期的な支配関係の変革である。このような新しい内容の朱印状を与えられた点には、藤孝が義昭から信長に鞍替えして従ったことに対する、本領安堵と新恩給与の両方の意味が込められていたと考える。こうして細川氏は青龍寺城《しょうりゅうじ》（現在の地名は勝竜寺）を拠点に、京都の西郊に拠点を持ち、新しい領主農民関係を創出する条件を与えられたのである。

細川藤孝には、西岡の土豪たちの内、革島氏や志水氏が従っていた。彼らは藤孝の寄子《よりこ》として、義昭を見限り、信長に付いた。そのため、藤孝が桂川西地を一職に与えられたことによって、寄子たちの本領も安堵されたことになる。反対に、三好氏に属したり、信長に叛して丹波の波多野《はたの》氏に属した物集女《もずめ》氏などは、所領を失うこととなった。藤孝が「長岡」を姓とするようになったのは、この時からである。

信長、光秀と藤孝を配置

坂本城を拠点に志賀郡を預けられた明智氏は、京都支配にも携わっていたことは前述した。信長は義昭討伐後、上京に対して焼き討ちで迷惑を掛けたと、地子銭・諸役を免除している。これは、村井長門守貞勝を支えるために坂本に置かれ、地子銭の徴集などを行うことで京都支配に参与している光秀には、力強い支援になったことであろう。京中の支配は村井貞勝が主になって行うが、明智氏には京中支配の支援と近江南部特に比叡山の本拠地であった坂本を任せ、細川氏には京都西郊を任せるという支配体制がここで完成したことがわかる。

この年（天正元年）、信長の「一の長《おとな》」と云われた林新次郎が亡くなった。信長の敵であった三好左京大夫義継も討ち死にしている。信長家臣団の世代交代が始まる年になった。

藤孝にとっても足利政権の終焉と信長からの朱印状拝領は大きな転機と感じられたに違いない。藤孝は義昭の旧臣沼田、荒川、一色《いっしき》、飯河《いいかわ》などを臣下として抱えることになる。

3　浅井・朝倉両氏の滅亡と信長の構想

浅井・朝倉氏滅ぶ

信長の岐阜からの上洛ルートにあって、信長の行動を阻んできたのは、越前の朝倉氏、北近江の浅井氏であった。両戦国大名は足利義昭とも気脈を通じていたので、信長にとっては厄介な対戦相手であったが、元亀元年（一五七〇）六月の姉川の合戦で信長・家康連合軍が勝利を収めて以来、形勢は信長有利に傾いていた。しかし両軍の戦闘は続き、この年（天正元年）八月になって、小谷城、一乗谷が陥落し、浅井・朝倉氏が滅亡したことによって、決着がついた。天正元年に、足利幕府が終焉を迎え、浅井・朝倉氏が滅んだことで、岐阜から京都までの日本の中心地帯が信長の勢力圏に入ったことになる。

秀吉の長浜城拝領

浅井氏が滅亡した直後の天正元年八月二十七日、信長は羽柴藤吉郎秀吉に対して江北を「一職進退」の地として与えた。小谷城攻撃において中心的な働きを見せた藤吉郎秀吉に対する論功行賞である。以後秀吉は長浜に城を構え、江北の大名として、信長政権の中心的な武将・大名として重きをなすようになる（拙著『北政所おね』参照）。ただし城持ち大名となったのは光秀の方が早かったことは前述した、光秀の坂本城拝領は元亀二年九月、羽柴藤吉郎の長浜城拝領は四年（天正元年）八月であった。

「一職進退」の意義

天正元年は信長が足利氏と浅井・朝倉氏を倒して、尾張・美濃から山城までを支配下に入れた記念すべき年となった。そしてその年に、信長は新しい形式の所領安堵状を発給していることが注目される。それは、七月に細川藤孝に与え、八月に羽柴藤吉郎秀吉に与えた「一職進退」を認めた朱印状である。

一職進退とは、中世的な複雑な職の体系をご破算にし、単一の領主農民関係を形成しようとする画期的な支配形態であることは前述した。特に本家・領家職を独占してきた寺社や公家の年貢徴収権を奪い、中間搾取にあたる名主職・加地子名主職を停止して、領主たる信長・それを預け置いた信長の家臣である給人と、百姓（耕作者）の一元的な関係の構築を目指す政策である。まさに中世的な職の体系を打ち崩し、領主―農民関係の一元化をはかる、画期的、斬新な政策であった。

この「一職進退」を梃子として、秀吉は翌天正二年から長浜で検地を実施し始めたことは、秀吉が信長の意図をよく理解していたことを証明する。

長嶋一揆の討伐

年が明けて天正二年（一五七四）正月、浅井・朝倉氏の首が「薄濃《はくだみ》」にして、信長の元に届けられる。宿敵浅井・朝倉両氏と足利義昭が滅んだことは、信長にとって全国平定に大きな期待を膨らませられる吉事と感じられただろう。残る宿敵は武田氏や一向一揆である。正月、秀吉は不破・武藤・前波氏と共に越前一向一揆討伐に派遣される。池田恒利は武田に備えて配備された軍勢の中にいたが、六月には長嶋一向一揆討伐の戦いに参陣している。そして長嶋一揆は、ついに信長軍の前に一掃された。

「西国征将」光秀の誕生

天正二年という年は、明智光秀と細川藤孝にとって忘れられない年になっている。なぜなら、正月、岐阜城の信長の元に家臣たちが年賀に行くと、信長は光秀の四男を筒井順慶の養子にし、光秀の娘を織田信澄に嫁させるように命じ、さらに藤孝と光秀が「縁家」となることを求めたからである（『細川家記』）。藤孝は初め辞退したが、信長の再三の仰せがあったので、細川忠興と明智玉子の「縁約」（婚約）が決まったという。さらに信長は、家臣達の間の不和を解かせて、光秀に対して「汝を西国征将とする、先ず丹波を征伐すべし、藤孝も共に赴くべし」と命じたのである。

右の情景から、信長の天正二年段階の構想が見えてくる。それは、多くの信長家臣がいる中で、光秀を西国征伐の最高指揮官とすること、その光秀が任務を果たすことができるように、織田信澄や筒井順慶を明智家の姻族にし、特に長岡藤孝には嫡子と光秀娘の婚姻を約させて、明智光秀との結束を固めさせておくこと、この二点であったと考える。信長はここでも婚姻関係や養子関係を、織田家の子女だけでなく、家臣団内部にまで広げて、網の目のような主君と家臣団との結束の構図を構想していたことがわかる。

信長の構想

天正二年段階に、すべての信長家臣の中でも真っ先に、光秀が「西国征将」に抜擢されたことは、信長が光秀の能力を大変買っていたことを示している。

このころ信長は大坂・本願寺の一向一揆と、長嶋の一向一揆と対戦していたため、河内に中川・長岡氏、摂津に佐久間氏、天王寺に明智氏を配置していた。対戦最中に、信長は藤孝に対して「大坂を根切りにしなければならない、そのために明智に相談することが肝要である」と述べている。信長は長岡藤孝の上司として光秀を見ており、それればかりでなく摂河泉の一向一揆討伐の戦いでは、光秀を総大将と考えていたことがわかる。このことは、光秀を「西国征将」とするという構想と矛盾しないからである。

4　一向一揆の平定

一揆平定の備え

天正三年（一五七五）明智光秀にとって忙しい年が再び幕を開けた。この年、信長は越前方面の一向一揆平定に全力をあげる。信長自ら明智の船で坂本から佐和山に進もうとしており、大風で断念し陸路を進んだが、小谷の秀吉の元に泊まり、馬廻を一万騎引き連れて越前府中に陣を取った。そして一向一揆平定のため、稲葉、明智、羽柴、長岡（細川）氏などの軍を派遣した。重臣たちに、それぞれの領国で、川には橋を架け、大道を作り、道沿いに松と柳を植え、掃除を怠らないように命じ、通路の諸関撤廃を指令したのは、軍勢の派遣を容易にすることを意識したものであろう。

官位拝領

七月三日、信長は朝廷から官位を与えられるが、これを辞退、代わりに「御家老の御衆」たちが官位をもらった。すなわち松井有閑は宮内卿法印に、武井夕庵は二位法印に叙され、明智光秀が惟任日向守とされ、丹羽長秀が惟住の称号を許された。光秀は信長の家老衆の一人とみなされるほど、信長から信頼されていたこと、坂本城で湖上舟運をも司っていたらしいことがわかる。

越前平定

八月には、羽柴秀吉と明智光秀が一揆二百人を切り捨てた。信長も一乗谷に陣を移したので、稲葉、明智、羽柴、長岡藤孝、別喜は一揆方に猛攻を加える。そして越前平定を果たした信長は、九月二日柴田勝家らに対して越前の国割りを実施し、「掟九ヶ条」という領国統治原則を発布した。

越前は柴田、不破、佐々、前田、金森らに預け、互いに切磋琢磨しつつ領国を治めさせるというユニークな方針を打ち立てる（詳しくは拙著『北政所おね』参照）。武田氏に対する合戦では、五月の長篠合戦で勝利した余韻が残っていたので、信長は西国に目を向ける。その時最初に信長が起用したのが明智光秀であった。

光秀、丹波へ

九月二日、信長は光秀に丹波に「相働くべき」ことを命じる。この命令は、越前国割りを命じた当日である。信長が次々に構想実現のための布石を打っていることがわかる。西国の中でも最も京都に近い丹波攻略を、最初に命じたのである。その理由は光秀が坂本城にいて、京中支配にも関わったこと、また光秀が信長家臣団の家老の一人であったことによると考える。

丹波の隣国の丹後は、以前から在地し、室町期には四職家のうちに数えられた一色氏に与え、丹波の内の二郡は「細川殿」（信長の女婿細川昭元）に与える、荒木氏は越前より直ちに播磨奥郡へ働き、人質を取るように、というのが信長の指示であった。越前が落居したこの時点では、大坂の本願寺・一向一揆が最も危険な信長の敵であり、その大坂と気脈を通じている毛利氏の姿が眼前に迫ってきたのであろう。こうした情勢の変化によって、明智光秀は越前から急遽丹波へと矛先を変更せよと命じられたのである。

5　安土城の信長の天下構想

安土城と二条屋敷の普請

天正四年（一五七六）、安土城の普請は大人数を動員して行われた。信長はこの城を全国平定の拠点と定める。馬廻衆は「山下《さんげ》」に屋敷地を与えられ、秀吉などの武将も山の中腹以下に屋敷を構えた。信長は京都二条にも屋敷を建設することになり、安土城普請は前年末に家督を譲っていた嫡男信忠に任せ、二条屋敷は村井貞勝に作事を監督させた。

大坂本願寺との対戦

大坂・本願寺に対しては四月、荒木、明智、長岡藤孝、原田直政それに秀吉などを加えて、大軍をもって「押し詰め」る作戦を展開している。五月七日の合戦では家臣たちに三段の構えを取らせ、一段は佐久間、松永、長岡藤孝、二段は滝川、蜂屋、羽柴、丹羽、稲葉、氏家、伊賀とし、三段は馬廻という構えで、信長自身も足に鉄砲が当たったが奮戦し、二段に編成し直して、大坂の木戸口まで一揆衆を追いつめ、勝利を挙げている。この戦いにおいて、近江は信長直轄領として、兵站の補給地としての役割を担わせた。本願寺・一向一揆方との戦いは、七月に安芸の毛利氏の水軍が大挙して出動し、大坂に兵糧を入れたので、決着は翌年に持ち越されることになった。

紀伊、大和に赴く信長家臣たち

天正五年（一五七七）二月から三月にかけての根来《ねごろ》・雑賀《さいが》攻めでは、羽柴・明智・滝川・丹羽などと共に長岡藤孝も参陣して、一向宗徒や鈴木孫一と戦っている。これに加えて松永久秀《ひさひで》が信長に背いたので、明智、筒井、長岡は三大将として松永の大和の城を攻めた。

北国出陣命令

八月、柴田勝家を大将として、北国出陣命令が滝川、羽柴、丹羽、斎藤、氏家、伊賀、稲葉、不破、前田、佐々、原田、金森などに下った。加賀、能登の一向一揆を討伐するためである。その中で、羽柴のみは信長に届けず帰陣したので、信長は「曲事」と逆鱗している。秀吉は播磨出陣を見越して、準備しようとしていたのであろう。秀吉と異なり、明智光秀は、信長に反抗してまで、自己の主張を貫く意志はなかったようである。そのために光秀は次々に信長の命じるままに出動しなければならなかった。

松永氏を討伐

八月八日に右のように北国出陣を命じた信長は、松永久秀・久通《ひさみち》父子が「謀叛」を企てたとして、五〇日後の九月二十九日には、松永の一味が籠もる河内片岡城、大和信貴山《しぎさん》城攻撃を光秀、藤孝、筒井順慶に命じている。この三人を攻衆の「三大将」(『細川家記』)としたのである。片岡城攻めでは明智と共に参戦した長岡藤孝の嫡男忠興(この時十五歳)と次男頓五郎《やごろう》(興元・十三歳)が高名を挙げたとして、信長の目に止まる。光秀も「粉骨の働き、名誉」と信長に褒められている。それから九日後の十月十日、信長の息信忠と、佐久間、羽柴、明智、丹羽は大和信貴山城攻撃にまわり、「夜攻め」をして、松永父子を滅ぼしている。先年十月十日に松永が大仏殿を焼いたのと同じ月日であることに、「偏に春日明神の所為なりと、諸人舌を巻く」と『信長公記』の筆者太田牛一《おおたぎゅういち》は記すのである。この年は信長家臣団は連戦に次ぐ連戦であったことがわかる。光秀もそれに漏れるものではなかったのである。

丹波攻略の再命

丹波については、すでに天正二年の春、光秀に対して征討命令が信長から出されていたことを先に見た。しかし「所々の取り合いにて暇なく」（『細川家記』）、そこで信長は再度光秀を召して「丹波が静まれば加禄として与える、丹後国は藤孝に与える、藤孝と光秀は常に睦まじいので、共に打ち出して攻撃すべきである」と述べた。このように、平定後の国割り案を若干変更して、丹波攻撃を再度光秀に命じたのであった。

右の指令に基づき、光秀は五百の兵を率いて坂本を出発し、まず亀山城（現在の亀岡市にある城）を攻め、内藤一族を降伏させたので、内藤氏は光秀の旗下に属することになった。亀山城を手に入れた光秀はここに藤孝を残し、波々伯部、四王天、天方、久下《くげ》、長沢ら丹波の国人衆に立ち向かい、篠山に出馬している。そのため荻野、波々伯部、石尾、中沢、酒井、加治など多くの国人衆が降参した。旧来より、丹波の国人衆の結束力は強かった。足利尊氏にこぞって味方した歴史をもつ丹波である（拙著『日本中世女性史論』参照）。このように団結力の強い丹波の国人衆を攻略できたのは、光秀と藤孝の協力のたまものである。藤孝が籾井城を攻めた時、光秀が新手を入れ替えて援助していることからも、信長の観察通り、二人の協力関係は固く、その協力関係によって、丹波が攻め落とされた状況がよくわかる。

秀吉の播磨攻略

羽柴秀吉はその直後の十月二十三日播磨に出陣し、播磨国中を「駆け回り」「悉く」人質を取り、十一月には上月城《こうづき》を攻略し終えた。こうした功績に対し、信長は秀吉に但馬・播磨両国を与えた。

天正五年の信長の平定戦は、家臣を総動員して一向一揆と対戦し、それと結ぶ松永父子を討滅させた点に成果があった。松永の討伐は時間の問題と見た信長は、光秀に丹波を攻略させ、羽柴藤吉郎に但馬・播磨を平定させ、その西の強敵で、本願寺と結ぶ毛利氏を次の目標にしつつあった、というのが、この段階の信長の構想であったことが明らかになる。

6 「調略」を働かせる天正六・七年の光秀

正月の茶会

天正六年（一五七八）年始の「朝の御茶」（茶の湯）を信長から拝受した十二人の武将（信忠、松井有閑、林、滝川、明智、荒木、羽柴など）の中に、長岡藤孝がいることが注目される。この時点で藤孝は初めて羽柴や明智に並ぶ地位を獲得したことがわかる。十二人の内には荒木村重も入っている。同年十月に「逆心」を構えることになるが、正月にはまだ平和な茶会であったのだろう。

神吉・志方攻略

この年も明智光秀は様々な戦場に忙しく派遣される。四月に上杉謙信（輝虎）が死去したことで信長にとっての北方の脅威は減じ、大坂・本願寺と播磨方面が当面の大きな脅威として写ったであろう。そのため、四月四日、明智光秀は丹羽、滝川、蜂屋などと共に信忠を総大将として大坂へ行軍し、「麦薙ぎ」をしており、四月十日には明智、丹羽、滝川の三人は丹波に遣わされる。その二十日後の五月一日、信長は佐久間、滝川、蜂屋、明智に播磨出陣を命じる。信長の脳裏を全国の情勢が駆けめぐっていたのであろう、熟慮する姿勢が消えているように思える。

さすがにこの度は、佐久間、明智らは「要害を丈夫に構えている最中なので、家臣が出陣し、様子を見計らって申し上げるから、(信長自身の)播磨出陣は少し待っていただきたい」との「異見」を言上した。それでも信長は納得しなかったのか、滝川、明智は丹波に先に出陣し、織田信忠、信雄、神戸三七という織田一族をはじめとして、長岡藤孝、佐久間らが尾張、美濃、伊勢三国の軍勢を率いて出馬し、加古川まで進んでいる。こうした軍勢の援護を得て、六月二十六日、滝川、明智、丹羽が一団となって信忠らの参加を得て、神吉《かんぎ》城を囲んで落とし、七月には志方城も落城したので、羽柴に両城を渡している。

村重の逆心

ところが天正六年の十月、信長にとって予想外の事態が持ち上がる。荒木村重の「逆心」である。方々から信長にこのことが言上されたので、信長は宮内卿法印、明智光秀、万見仙千代をもって荒木に「存分」を申し上げるように言いつけ、人質として「御袋様」を差し出し、出仕を命じた。しかし荒木は出仕してこなかったので、信長は荒木に「摂津国一職」に預けたのにもかかわらず「別心」を差し挟むとはと激怒したが、明智、羽柴、宮内卿法印の三人をもって交渉させた。しかし荒木の態度は変わらなかった。そこで十一月、滝川、明智、丹羽、蜂屋らが荒木の城・茨木城に向かい、羽柴、佐久間らは高槻城に向かい、高山右近《たかやまうこん》を降伏させる。こうして十二月八日、伊丹城攻撃が開始された。

荒木攻めに関しては、信長が初め荒木との対話を追求していたとき、光秀を使者として用い交渉させ、その後の荒木討伐でも、常に光秀を使い続けていた点が注目される。その理由は、光秀の長女が村重の子息村安に嫁していたからである。藤孝も「常に村重と睦まじかりし」によって、光秀と藤孝は相談し、村重を説得、村重は応じたが「一族郎党」が応じなかったので、信長側からの交渉は決裂し、合戦になったと『細川家記』は記す。

伊丹攻撃と同時に、信長は羽柴、佐久間、明智、筒井を播磨三木城方面へと転進させ、明智は直ちに丹波へ働き、波多野館を取り巻き堀を埋め、屏、柵を設けて合戦準備にかかっている。

明智光秀にとって、天正六年という一年の間に、大坂、丹波、摂津、播磨、丹波と目まぐるしく転戦したことになる。

天正七年、波多野氏を討伐

天正七年（一五七九）、信長は二月に伊丹に出馬した。光秀は丹波から信長に馬を進上したところ、「光秀に遣わす」とのことで返されてきた。

信長は摂津には「定番衆」として、征服地に長岡藤孝父子を毛馬に、池田恒興《つねおき》父子を川端砦に、中川瀬兵衛清秀を田中に、高山右近を深田に置いている。

明智光秀はついに五月、丹波で波多野氏を追いつめ、兄弟三人を「調略」で捕らえることに成功した。二年掛かりの波多野攻撃を終わらせることができたのである。しかし、波多野兄弟を安土へ送ったところ、信長は彼らを磔に処した。この磔について、藤孝も光秀も「憤った」とされる（『細川家記』）。

次いで光秀は丹波から丹後の宇津や鬼ヶ城を攻撃し（七月）、八月には黒井城を攻め落としている。明智が丹波・丹後の戦績を一々信長に報告し、丹波・丹後を平定し終えたので、信長は「長々丹波在国候て、粉骨、度々の高名、名誉比類なし」と感状を与えている。明智光秀によって丹波・丹後の平定が完了したのは十月二十四日である。光秀はそのことを安土城の信長に報告に行き、「しじら」百段を進上している。

いっぽうこのころ秀吉は、天正七年九月に三木城の別所一族を討ち、備前の宇喜多《うきた》氏の赦免を信長に取り次ぎ、播磨方面の攻略に余念がなかった。

荒木一族・家臣の処刑

伊丹城から荒木村重が妻子を残して重臣と共に尼崎、次いで花隈へと逃げたため、十二月、信長は伊丹に残された荒木の妻女や家臣、その従者や妻子を、すべて成敗した。荒木一族中の五郎左衛門は明智光秀を頼んで助命を乞うたが、信長は聞き入れなかった。こうして前代未聞の「夥《おびただ》しき御成敗」が決行されたのである（詳しくは拙著『日本中世の女性』参照）。

この処刑について信長は、荒木や重臣たちが「妻子兄弟を捨て、自分だけは助かりたいと、伊丹城を出たのは、前代未聞の佞人《ねいじん》（心のねじ曲がった者）である」として、荒木と重臣たちを懲らしめるために多くの人質を成敗せよと命じたとされる（『信長公記』）。荒木氏が伊丹城を逃げ出したのは、頼りにしていた中川清秀と高山右近が信長に下ったのが理由であるとも言われる。

天正七年は光秀にとっては丹波・丹後攻略に励んだ結果、その事業が成就した年であったといえる。細川藤孝や忠興は摂津の定番を務めるなど、摂津の安定に努めた年であった。

7　信長第一の重臣は光秀

天正八年の幕明け

天正八年（一五八〇）、正月に別所氏が滅び、二月から三月にかけては、花隈に逃げていた荒木氏に対して、池田父子が戦いを挑み、高名をあげている。大坂・本願寺も七月には退城するに至った。秀吉は姫路城を拠点に定めて普請に励み、播磨・但馬を平定し終えている。明智光秀は、四国の長宗我部元親《ちょうそかべもとちか》が信長に送った鷹と砂糖を取り次いで進上させている。丹波・丹後に加えて、播磨・但馬にようやく平穏が訪れようとしていた。

佐久間折檻状

ここに発生したのが、佐久間に対して信長が折檻状を出したという事件である。大坂から本願寺が退城し、四十九年にわたった石山本願寺の支配が瓦解したその時に、折檻状は出された。この文面を読むことで信長の重臣に対する評価を知ることができる。

信長が、重臣たちの中で真っ先に褒めたのは、明智光秀である。「丹波国での明智の働きは、天下の面目を施した」として丹波・丹後平定を成し遂げた光秀を最初に褒め、「次」は羽柴藤吉郎秀吉であるとし、「数カ国比類なし」と秀吉の播磨・但馬平定を二番目に褒めた。柴田勝家は明智や羽柴の働きを聞いて奮起したと、柴田は彼らより功に於いて劣ると評している。また池田勝三郎（恒興）には花隈を申し付けたが、一廉の働きがあって然るべきだと苦言を呈し、佐久間父子については、平手を見殺しにしたことと、「武辺道が不甲斐ない時は調略をなすべきなのに、五カ年一度もなしたことがない」と、武将としての能力に欠けているると難詰したのである。佐久間父子は追放され、高野山から熊野の奥に入って亡くなったという。

天正八年段階に、信長が最も評価していたのは明智光秀であったことが、右の詰問状から読み取れる。光秀は苦労を重ねて数年がかりで丹波を「調略」で平定したのであった。こう云われた柴田は発憤し、十一月に加賀一揆を攻撃して、首を信長の元に送っている。

藤孝、宮津へ

藤孝はこの年、信長から「度々忠節に付きて」と、かねてからの約束通り丹後国を拝領したので、宮津城の普請を夜を日に継いで急いでおり、光秀もこれに加勢している。二人の繋がりは持続されていることがわかる。その代わり青龍寺城は召し上げになり、信長家臣の矢部善七郎、猪子兵助《いのこひょうすけ》がここに入った。藤孝は光秀と相談の上で、藤孝の次男長岡玄蕃を峰山城代に、家臣松井康之《やすゆき》を久美浜《くみはま》城代にし、家臣有吉には安良城を預け、国中の仕置きを仰せ付けている。細川氏（長岡氏）が丹後領主となる時点で、光秀が常に上司として指示を与え、また援助していることが示されている。二家の結束は固く、それは忠興と玉子の婚姻によって成立したものではなく、それ以前からのものであり、天正八年ごろには、信長の重臣としての光秀、その光秀を上司とする藤孝という関係での結びつきであったことがわかる。

馬揃えと茶の湯・連歌

天正九年（一五八一）二月二十八日、信長は京都において盛大な「馬揃え」を挙行する。その準備は一カ月以上前の一月十三日、明智光秀に命じて、家臣団に「各々結構を尽くし、罷り出る」ようにと朱印状で触れさせている。二月二十八日当日の様子は以前『山内一豊と千代』『北政所おね』の両書で取り上げ、特に信長の出で立ちのきらびやかな点、見物衆の多さや丸一日を使っての馬揃えであったことなどを述べ、この馬揃えは信長の京での天下人としての示威行進であったことなどを述べた。その結論に変化はないが、明智など信長の家臣の参加状況をここで再考しておこうと思う。

まず重要なことは、光秀はこの当時信長の「奉行」をつとめていたので、正月十三日に信長の朱印状を分国に触れる役割を務めていることである。朱印状の内容は先に見た。この点から考えて、光秀は真っ先に馬揃え挙行の責任者の役を負わされていたことがわかる。馬揃え当日の家臣団の行進は番編成で為された。一番は丹羽長秀と摂津・若狭衆、西国衆、革島氏（京郊西岡の在地領主でかつては長岡氏旗下）であり、二番は蜂屋氏と河内・和泉衆、三番は明智氏と大和・上山城衆であった。四番には村井貞勝というふうに、家老（重臣）たちがそれぞれ領国の信長家臣や親しい武士たちを率いて行進している。信長の纏った蜀江の錦の小袖は、昔中国の三国時代に蜀から日本にもたらされた三巻の錦を、細川忠興が都中を探し求めてようやく見付け、信長に進上したものである。家臣たちもそれぞれ信長の指令通りに「結構」につとめ、池田庄九郎（元助・之助）は「惣金之出立」で、自身も金づくめの装束を着け、馬の毛爪まで金を塗り、馬の毛にもふのりをつけて「薄《はく》」（箔）を置いたという（『当代記』）。こうして信長の生存中で、最も盛大で華麗な馬揃えが挙行された。

三月、細川藤孝父子は丹後に帰る。その理由は前年の天正八年に細川氏は丹後を与えられ、青龍寺城は召し上げとなっていたからである。

この年の四月九日、光秀は居城亀山城から領国である丹波の北部方面へ向かい、まず福知山で一泊し、十二日、宮津で津田宗及らとともに細川忠興の主催する茶の湯の接待を受け、久世戸（舞鶴市）を見物したあと、天橋立の文殊堂で光秀・細川藤孝・里村紹巴《さとむらじょうは》の三人が連歌を興行している。

このように光秀は連歌を通じて当代の名手といわれる里村紹巴と親しく交流を持っており、また茶の湯その他の文化を通じても、細川父子とは密な心の通いあいがあった。つまり光秀と細川氏とは、単に上司とその寄子というだけでなく、文化において通じあう特別な関係を形成していた。本能寺の変時に光秀が細川父子を招いた背景には、このような両家の文化における親交があったためである。

鳥取落城

六月になると、秀吉は二万余の軍勢で中国地方へ出陣し、鳥取城を囲む。信長は八月に安土で馬揃えを行った後、細川父子三人を丹後から、明智光秀を丹波から、池田恒興を大将として高山・中川・安部・塩川などを付けて摂津から、それぞれ鳥取へと参陣させた。こうして集結した大軍に囲まれ、十月鳥取城は落城し、籠城衆は助け出され、秀吉は姫路に凱旋している。十一月には秀吉は池田元助《もとすけ》（恒興の長男・庄九郎）を従え淡路を攻撃するが、年末には姫路に帰っている。

光秀にとっての天正九年

天正九年をこのように眺めてみると、明智光秀は信長の信頼篤い武将（家老）として、馬揃えを準備し、またそれに出て、その年の後半は鳥取に進軍するという、忙しいが家臣として高名が挙げられた年であったことがわかる。しかしこのような忙しい日々が、何年も続いていたことに対し、筆者などはかなりの不安を感じるのだが、事実はどうであったのだろうか。

8　天正十年、光秀に何が起こったのか

信長、信濃を降す

天正十年（一五八二）、信長は武田軍と対戦するために、信濃に軍勢を率いて向かうにあたり、重臣たちの配置について、細かく指示を与えた。筒井は連れて行き、摂津国は池田恒興が留守居をして、子息の池田元助と輝政《てるまさ》は出陣すべし、中川は出陣すべし、秀吉は中国に置く、長岡幽斎（藤孝）は在国し、与一郎（忠興）と一色五郎は出陣すべし、明智は出陣の用意をすべし、というものであった。武田勝頼は三月に十六歳の若さで自殺し、戦国大名武田家は滅亡した。この信濃の陣に明智、細川、池田、高山、中川氏が加わっていた。参陣衆が扶持米を貰って帰還し始めたのは三月二十五日である。三月末、信長は嫡男信忠に家督を譲ることを明らかにし、甲信両国の国割りを発表し、河尻、徳川、滝川らに与えるとし、同時に国掟も公布している。

五月十五日、家康が安土に到着、その「振舞」は明智に仰せつけられたので、光秀は堺まで行って珍物を調えている。「夥《おびただ》しい結構」と表現されているので、光秀は出来る限りのもてなしの準備をしたと想像される。家康の歓待は十五、十六、十七日の三日間の予定であった。

このもてなしが終わらないうちに信長は明智光秀に次の任務を与える。信長自身が「動座」して中国の歴々を討ち果たし、九州まで「一篇」に仰せつけようとの上意で、明智、細川忠興、池田、塩川、高山、中川が先陣として出発するよう命じたのである。そのため明智は十七日の内に安土から坂本に

帰り、出陣準備に取り掛かった。

あめが下知る

光秀は五月二十六日中国出陣のため坂本を発ち、亀山（亀岡）の城に入る。二十七日愛宕《あたご》山に詣り一宿したが、二度も三度も籤《くじ》を取っている。二十八日に百韻連歌を行い、連歌は神前に籠め置き、亀山城に帰った。この時の連歌の発句が光秀の「ときは今あめが下知る五月哉《さつきかな》」である。光秀と共に連歌を詠んだのは、愛宕西坊行祐《にしのぼうぎょうゆう》と里村紹巴であった。行祐は「水上まさる庭の松山」と続け、紹巴は「花をつる流の末を関留て」と展開させている。「あめが下知る」には「天下を統治する」という意味が込められている。その時は今であるとの光秀の決意が、この発句には込められていることは間違いなかろう。迷った挙げ句に出した光秀の結論であったと思う。

信長は五月二十九日に上洛したが、小姓二、三十人を召し連れていただけであった。なお『当代記』は小姓衆の数を「百五六十騎」と記している。

六月一日、光秀は明智左馬助、明智次右衛門、藤田伝五、斎藤内蔵助（利三《としみつ》）らと談合し、「天下の主となるべき調儀を究めた」として、談合に加わった重臣たちを先手に、老《おい》の坂から山崎へと軍勢を逆転させ、信長の「御座所」本能寺に向かい、信長主従を討ったのである。

光秀から見た本能寺の変

光秀がなぜこの時点で信長を討ったのか、その理由は一つには、右の記述にも表れているように、矢継ぎ早に信長の命で合戦に追使われてきた点にあるのではないかと思う。信長は光秀を秀吉よりも信頼していたふしがある。丹波、丹後攻略を真っ先に果たした光秀は、家老中の上座に相応しいと信長は思ったであろう。馬揃えの準備から家康の接待まで、重要事項をやり遂げる幅広く高い能力を光秀は持っていた。そうした光秀が信長を討ったのは、自身の活動に限界を感じたからではないだろうか。信長の命に反抗しなかった光秀の、精一杯の人生に同情を禁じ得ない。

調略を得意とする光秀

光秀は様々な能力を持った武将であったが、その本領は丹波・丹後攻略や荒木事件で発揮されたように、「調略」をもって相手に立ち向かうタイプの武将であった。この点では、信長の「根切り」という掃討戦を是とする考え方とは異なり、むしろ秀吉に近いと感じる。考えを巡らし、効率的に敵を倒し、その命を粗末にはさせないという方針をもっていたことは、波多野氏を討伐した時の光秀の態度に表れている。投降したので光秀が連れて行った波多野兄弟を、信長は安土で切腹させたのであった。こうした点から、同じく天下の平定を目指しても、そこに至る方法論において、光秀は信長との違いを痛感したのであろう。

明智氏と細川氏の信長との接点は、足利義昭の信長との友好関係の形成当初であることが明らかになった。細川氏は明確に足利義昭の家臣として信長と接触したが、明智光秀はそれほど義昭との関係が明確ではない。美濃国明智郷が明智氏の本拠地と見られる点から、『信長公記』に光秀が登場する時点、つまり永禄末年以前から、義昭ではなく信長との接点があったのであろう。

信長からの篤い信頼

信長の家臣となって以来、近江の平定に功を挙げ、志賀郡と坂本城を拝領し、その後は信長の命に忠実に従って京中支配に関与したり、越前へ、大坂へ、丹波・丹後へ、また播磨へと、暇無く軍事行動に励み、また接待役なども勤めた。織田家の「家老」

の中でも一、二を争う人であったことは、光秀の能力が幅広く大きなものであったことを示している。信長の信頼は柴田や羽柴を超えるものであったこともわかった。

本章で参考にした史料は主として『信長公記』と『細川家記』である。『信長公記』は慶長年間に太田牛一によって記されたものである。秀吉・秀頼に仕えた太田牛一の手になるものであるが、信長発給の文書とよく対応し、またその記述態度も秀吉を賛美するものではないことが右の要約からもわかる。したがって客観的に記された部分が多い良質の史料であるといえる。その『信長公記』に、信長の晩年、信長が最も信頼していた家臣で「家老」職を勤めていた人物として光秀が描かれていることは、注目される。

また『細川家記』を参照することで、細川藤孝と光秀の信頼関係が厚く、二人が義昭を介して出会って以来、揃って信長家臣となってから、互いに助け合う関係を保ち、丹波・丹後平定を任されたころには、明確に光秀を上司として、細川父子は光秀との協力関係の中で、信長家臣として成長していたこともわかった。

では信長の信頼篤い光秀が、なぜ本能寺の変を起こしたのかをさらに深く知るために、変の推移とその後の明智一族の動静について、次章で検討する。

第四章　本能寺の変とその後の明智氏・細川氏

1　本能寺の変を見なおす

本能寺の変を記す史料

前章で参考にした『信長公記』は織田信長の死の場面で終わっている。これに続く当時の記録として、大村由已が信長の亡くなった年すなわち天正十年の十月に認めたという奥書のある『惟任退治記』がある。『史籍集覧』第二十二冊に収録されるこの記録（臨川書店、一九六七年）は、信長の死の直後に書かれた記録であると思われるので、『惟任退治記』に拠りつつ、明智一族がこの変にどのように関わり、変後はどのような運命を甘受したのか、細川氏との関係はどうであったかなどを考察してみたい。

本能寺とは

本能寺の変の時、信長が入った本能寺は当時四条坊門西洞院にあった。本能寺はもともと本応寺と号し、日隆《にちりゅう》が応永二十二年（一四一五）に油小路高辻と五条坊門の間に創建した法華宗の寺院である。その後本能寺と名を改め、戦国期には法華宗二十一カ本山の一つであり、京都の町衆の帰依が篤かった。しかし天文五年（一五三六）の「天文法華の乱」で法華宗徒が敗れ、本能寺は焼亡した。その後堺に移ったが、天文十六・七年ごろ京に帰り、四条坊門西洞院に復興された。本能寺は戦国期、四条坊門西洞院の地にあって、法華宗の中心的な寺院として重きをなしていた。

右のような本能寺の位置から考えると、本能寺は四条通りや西洞院通りに面していたことになる。信長の陣所としては好都合な場所であったといえる。本能寺はまた、種子島や屋久島、沖永良部島を伝道所としており、種子島など南九州を通じて鉄砲や火薬を入手するには最適の場所でもあったので、本能寺に信長が陣を置いた理由は明白である。武器としての鉄砲を信長はできるだけ手にいれようとしていたことが推測できる。

妙覚寺　いっぽう信長の嫡男信忠は妙覚寺を陣所とした。この寺も日蓮宗（法華）の寺で、開創は永和四年（一三七八）である。もとは四条大宮にあったが、この寺は文明十五年（一四八三）、足利義尚《よしひさ》の命で寺地を室町西二条南小路衣棚に移していた。天文五年の法華の乱でこの寺も罹災したが、天文十七年に旧地（二条衣棚）に再建されていたからである。次に述べる二条御所とは至近の位置にある寺であった。

妙覚寺は信長が京で最初に目を付けた寺で、京に来た時、しばしば宿所として使っていた。

信長の二条御所

もう一カ所信長が京に来たとき拠点にした場所がある。それは「二条新第」あるいは「二条御所」「二条新御所」と呼ばれた屋敷である。東は現在の烏丸通り、西は新町通り、北は下立売通り、南は丸太町通りに囲まれた二町四方の広大な屋敷が二条御所にあたる（右に述べた通説に対して、高橋康夫は「義昭の城、いわゆる旧二条城は、北は近衛、南は春日の北、東は東洞院、西は室町を限り、およそ南北三町・東西二町の規模を有していた」と述べている。（高橋康夫「織田信長と京の城」）。

もともとここには室町時代、管領斯波《しば》義将《よしゆき》の邸宅があった。その後将軍義輝の邸が建っていたが、永禄八年（一五六五）に焼失したので、信長がここに義昭のために新邸を建設した。一万五千人以上の人を働かせて「七十日」（『フロイス日本史』）で完成させたとされる。義昭がここに住んだのは天正元年（一五七三）信長と決別するまでの四年間である。二条新邸はその後信長の宿舎とされたが、改築されて天正七年に東宮誠仁《さねひと》親王（正親町《おおぎまち》天皇の皇太子）に献上されたので、「二条新御所」と呼ばれた。そのため信忠は天正十年に京に入ったとき、二条御所ではなく妙覚寺に泊まっていたのである。

信長の指令

天正十年三月以来、信長軍は羽柴秀吉、弟秀長《ひでなが》を「軍主」として、備中国冠城、河屋城を攻め落とし、高松城を水攻めにして、毛利、小早川《こばやかわ》、吉川《きっかわ》勢と対峙していた。そして信長の下知を仰いだところ、「率爾の合戦しかるべからず」「堀秀政、池田元助、中川清秀、高山右近重友等を遣わす」「信長自身は信忠を伴って京都に赴き、重ねて光秀を軍使として早速着陣させ、秀吉と相談すべし、合戦の行《てだて》によっては、信長も出陣する」と信長は命じている（『惟任退治記』）。

信長の構想は、秀吉の率いる軍勢だけでは、毛利との戦いには不十分で、光秀が軍司となって先に出陣し、秀吉と相談した上で、必要なら自分が出陣する、というものであったことがわかる。秀吉一人に判断させるのではなく、自身の判断を下す前に、光秀の軍司としての意見・判断を聞こうという態度であったことになる。信長は、『信長公記』の天正八年の佐久間折檻状で見たように、『惟任退治記』においても、羽柴秀吉よりも明智光秀の判断をより信頼しているように見受けられる。

予測できなかった謀叛

ところが光秀は「公儀を奉り（信長の命に従って）」二万余騎を率いて備中に下る様子を見せながら、五月二十八日に愛宕山に登リ、連歌を催し、「ときは今あめが下知る五月哉」の発句を書き記したのであった。

『惟任退治記』はこの句について「今之を思惟するに、則ち誠に謀叛の先兆なり、何人兼ねて之を悟らんや」と記している。光秀の謀叛を予測したものはいなかったこと、当時の人々が驚きをもって事態を眺めていたことがよくわかる。

愛宕神社

光秀が主君を討つという決心を固めたのが愛宕神社であったことにも意味がある。愛宕神社は修験者の拠り所として名高い神社であり、丹波と山城の国境にあるばかりでなく、丹波丹後に多くの末社を持ち、また同じく「愛宕山」と名付けられた山が丹波・丹後に数カ山ある。丹波・丹後征服過程で愛宕社の加護を光秀は深く感じていたと思われる。丹波・丹後を伐り従えたこの時点で、、信長への反抗について、丹波・丹後の地主神である愛宕社にその神意を問うたのであろう。

六月一日の信長

六月一日亀山を発った光秀は二万余騎を率いて翌二日早朝、四条坊門西洞院の本能寺に押し寄せた。信長は宵のうちには信忠を側に置いて親しく語っていたのだが、信忠は妙覚寺屋形に帰っていった。そこへ押し寄せた明智方の魁は明智弥平次光遠、明智勝兵衛、明智次右衛門、明智孫十郎、斎藤内蔵助利三らであった。明智の軍勢は「御所」本能寺の周りを取り巻き、二日「昧爽」の時分に乱入したという。

光秀方の重臣と信長方の小姓

本能寺に向かった明智方の主要メンバーについて『信長公記』は明智左馬助、明智次右衛門、藤田伝五、斎藤内蔵助利三と記す。『当代記』はこの四人に「溝尾勝兵衛」を加えている。溝尾勝兵衛とは『惟任退治記』の明智勝兵衛のことである。二、三人の名に異同があるが、明智一族と斎藤利三など重臣たちが光秀に同心していた状況は共通している。光秀の叛意は一族・重臣たちの支持するところであったことがわかる。

信長は「このころは天下も静謐となっていたので、御用心なく」、諸侍には西国へ出張させたり、東国を警護させており、信孝は四国へ行かせるつもりで、丹羽長秀や蜂屋伯耆守頼隆を添えて堺に在陣させていた。その他の諸侍は西国への信長の「動座」に御供するための用意をしようと在国しており、「無人之御在京」であって、本能寺の警護に当たっていたのは、小姓衆百人に過ぎなかったという。なお、『信長公記』によると、先述したようにこの時の信長の上洛に供奉したのは、小姓衆二、三十人に過ぎなかったと記していた。

信長の最期の思い

夜討ちの気配を知り、信長は小姓の森蘭丸を召して尋ねると、「惟任（光秀）謀叛」の由を申し上げた。すると信長は「怨をもって恩に報いるの謂われ、様なきに非ず、生者必滅有り、是亦定道（常道）也、今更何ぞ驚くべきや」と述べて、弓、次いで鎗をもって戦い、ついには御殿（本能寺）に手ずから火を懸け、自害したという。

右の記述は『惟任退治記』のものである。同じ信長の最後の言葉を『信長公記』は次のように記す。信長が「謀叛か」と問うと森蘭丸は「明智が者と見え申し候」と返答した。すると信長は「是非に及ばず」と述べて弓を取ったと記し、「女は苦しからず、急ぎ罷り出よ」と命じ、森蘭丸・力丸・坊丸らも討ち死にしたので、御殿に火を懸け自害したと述べている。

二書に多少の違いはあるが、信長は光秀の謀叛を半分は恩を仇で返すものだと非難する一方で、「生者必滅」は常道であるから「是非に及ばず」（致し方ない）と見ていた節があると思う。信長の天下統一過程における厳しすぎる平定戦、過酷な家臣への負担要求について、自らも心が痛むところがあり、いつかは自身を否定するものが現れることを予測していたように思う。しかしそれが光秀であるとは予想しなかったのではなかろうか。光秀に対する信頼の篤さから見て、このように感じられる。

信長父子の最期

本能寺の門外に、村井長門守の家があった。村井は喧嘩かと思い本能寺に入ろうとしたが、明智軍に囲まれていて果たせず、信忠の陣所である妙覚寺に走り、急を告げる。信忠は本能寺に入って一緒に切腹しようとするが、明智方に囲まれ、「翼」でもなければ通ることができないことを知り、村井の献策で、親王を内裏にお移しして、二条御所に立て籠もることした。明智方からは弓・鉄砲で攻撃、信忠は最後まで戦い、四方に火を懸け、真ん中で切腹して果てた。信長は四十九歳、信忠は二十六歳であった。

信忠が最期を迎えた陣所「二条御所」は、「二条御構え」とも呼ばれた（『信長公記』）。明智方が弓・鉄砲を撃ってきたのは、「御構え」を見下ろす近衛殿の屋敷に上ってのことであったという（『信長公記』）。

2　本能寺の変後の明智一族

光秀の行動

信長主従の死の直後、光秀は「洛中」を鎮め、青龍寺に明智勝兵衛を残し、その日（六月二日）の午後には坂本城に帰り、次いで安土城に移った。その上で長浜、佐和山に乱入し、近江一国を掌中に入れ、十日には坂本城に帰っている。

蒲生氏の動き

安土では本能寺の変の報が入ると、信長配下の美濃、尾張の家臣達は妻子を引き連れて思い思いに逃れた。城中の金銀・名物はそのままに、「御上臈衆、御子様達」は、蒲生賢秀、氏郷が領地の日野まで逃れさせた。先述のように、蒲生氏郷の妻は信長の娘だったからである。

細川・筒井氏を招く光秀

その間に光秀は細川藤孝と筒井順慶に再三使いを送り、上洛して味方に加わるよう促したが、二人は組しなかった。光秀がこの二人に使者を送って招いたのは、細川忠興に光秀の娘玉子が嫁しており親族であったことと、細川氏は信長時代に光秀を上司としつつ、信長の平定戦に参画してきたからである。また筒井順慶には、明智家から養子を出していたとの説がある（『明智軍記』）。しかし、筒井順慶の養子定次は、前述したように、信長の娘を妻としていたので、明智光秀に同調はしなかったのであろう。

信澄と丹羽長秀

このころ四国への渡海を控えて堺に在陣していた織田信孝と丹羽長秀は、同じく織田氏ではあるが、光秀の女婿となっていた信澄を、大坂城千貫櫓に攻めて自害させている。丹羽長秀と信澄は、当時大坂城代を務める同僚であったが、丹羽氏は信澄が光秀に加担する前に、機敏にその芽を断ったのであった。

信澄は信長の弟信行の子で、信長の甥にあたる。しかし、信行は尾張平定過程の信長によって、親族としては真っ先に滅ぼされた。それは弘治三年（一五五七）のことであり、この時三歳であった信澄は、親の敵である信長の家臣（柴田勝家）に預けられ、次いで、光秀の婿となっている。丹羽長秀は信澄の生い立ちの特殊性から、信澄に疑いを持ったのであろう。信澄については、『多聞院日記』が「一段逸物」（六月五日条）と評価していたことを忘れるわけにはいかない。

丹羽氏がこのような行動を採った背景には、丹羽長秀の妻は織田信広の娘（信長の姪）であり、嫡子長重と信長娘との婚姻の約束がおそらくは信長在世中にできていたためであると思う。長重の信長娘との婚姻が実現するのは、翌天正十一年、秀吉の命によってであることは前述した。

山崎合戦

一方秀吉は、信長の死を隠して（秀吉書状）、高松城主清水兄弟らの切腹と開城、人質・誓詞の受取りをてきぱきと進め、毛利家の陣を払わせ、六月六日には備中を出て備前沼城まで引き返している。秀吉の帰着を待つ池田氏、丹羽氏が摂津富田から山崎に出陣していたが、秀吉の帰着を知らない光秀は、青龍寺の西から山崎の東口まで陣を取った。こうして秀吉の連れてきた精兵一万余りと、織田信孝、丹羽長秀、堀秀政や摂津の軍勢を合わせて、秀吉方は軍勢を中筋・山手・川手に分け、合戦に挑んでいる。光秀は敗れて三十人ばかりで青龍寺城に籠城する。

この山崎合戦に敗れた光秀は、いったん坂本城に帰って時刻を待とうと、主従五、六人で青龍寺城を落ちていった。

安土城にいた明智弥平次光遠は、光秀の敗れたことを聞き、城を焼いて一千余騎と共に大津までやってきたところ、堀久太郎秀政に行き会い、三百ばかりの人数を失っている。弥平次は小舟に乗って坂本城に立て籠もった。この日に合戦が行われたのは山科、醍醐、逢坂、吉田、白川、山中など、現在の京都市の東部一帯であった。

磔にされた光秀、利三

山崎合戦の翌日、秀吉は三井寺《みいでら》に着陣、坂本まで進んでいる。そこへ諸口から討ち取った首がもたらされた。その中に光秀の首があったという。斎藤利三は光秀が討たれたことを知らず、堅田辺の知音を頼って蟄居していたが、遂に捕らえられた。後に光秀と斎藤利三は粟田口《あわたぐち》で磔にされている。利三について『惟任退治記』は、「惜しいかな、平生嗜むところは武芸だけでなく『五常』を専らにし、朋友と会し、内に花月を翫び詩歌を学ぶ」文化人であったと賛辞を書き残している。

明智弥平次光遠は光秀の死を聞くと、明智一族親類を刺し殺し、天守に火を懸けて自害している。弥平次の最期の様子について『惟任退治記』は「敵味方其所相感也」と評している点から見て、弥平次の最期は立派なものと当時の人々は思っていたことがわかる。弥平次は光秀の婿で子飼いの武将である。その弥平次が主君光秀に忠義を尽くして自害したことを讃えたのであろう。

このように、『惟任退治記』は明智方の視点から書かれた記録ではないが、斎藤利三と明智弥平次については賛辞を惜しんでいない。愛宕での光秀との談合で光秀の旗揚げに賛同し、そのことを最後までやり遂げ責任を果たした潔さを評価したと考える。

秀吉方の勝利

秀吉は大津から安土に向かい、さらに長浜城で光秀に味方して在城していた阿閉氏を破って磔にし、近江を平定している。

細川幽斎や忠興の動向は次章で詳しく検討するが、光秀の敗因中に、細川一族と筒井氏が光秀方に加わらなかったことがある。特に細川忠興については「年来信長の御恩を蒙ること浅からず、これによって惟任一味に与せず」と『惟任退治記』にも記されている。細川忠興は、父幽斎が光秀と親しかったのとは異なり、婚姻関係での結びつき、また同僚としての結びつきよりも、信長との主従関係を重視したために、光秀方に加わらなかったと考えられる。細川父子が光秀に同調しなかったのが光秀敗因の大きな理由の一つに数えられているが、同調しても無理はないような明智家と細川家の関係であったことは、これまでの記述から明らかであろう。

3　本能寺の変の意義を考える

生き残った玉子

右に述べた経過を辿って明智一族は滅び去った。細川忠興の妻であった玉子だけが生き残ったことになる。なぜ玉子だけが生き残ったかについては、いくつかの理由が考えられる。その中で最も重要だと思われるのは、本能寺で最期を迎えた信長が「女は苦しからず、急ぎ罷り出でよ」（『信長公記』）と述べた点に潜んでいると思う。合戦で罪を背負うのは主として男性の武将であるべきだと、この時信長は考えていたと思う。また信長の考えは当時の武士階級に普遍的な考え方であったのではなかろうか。

信長の村重観

これと対照的なのは、荒木一族処罰時の信長の考え方である。信長は伊丹城に残された荒木村重の妻子、家臣とその妻子、さらには彼らの従者たちまで皆殺しにし、「斯様《かよう》に恐ろしき御成敗」は「前代未聞」だと世間に評されたことを、前著『日本中世の女性』で述べた。なぜこれほどの厳しい処刑をなし縁坐を実行したかについては、信長は村重と数人の重臣たちが、自分たちだけが助かるために、妻子や従者の家族を置き去りにした点に怒り狂ったためであった。信長は合戦の責任は武将が取るべきだと思っていたように思う。それに反した行為をなした荒木村重には、「我が身一人助かる」ことを目的にした人物すなわち「佞人《ねいじん》」（口先はうまいが、心はねじけていて、へつらう人）（『信長公記』）を懲らしめるため、厳しい大規模な縁坐を適用したのであり、これは信長にとって特異な事態であったと思う。

戦国期の常識は、合戦の責任は武将が取り、妻や侍女たちは、最後の責めまで負う必要はない、というものであったと思う。

戦国期の縁坐と弥平次

しかし現実には、信長の荒木の妻子の京への護送と京中引き回しの上での処刑と、家臣・従者の家族まで含んだ皆殺しという残忍な縁坐適用の歴史的事実は、日本国中に知れ渡った。このことが、前稿で見たように、お市の方が城を出ず柴田勝家と共に死ぬことを選択した要因であったことは誤りないと思う。

信長は当時の慣習や自身が身に付けていた常識とは異なった、猛烈に厳格な、歴史に悪名を残す縁坐を、荒木討伐にあたって実行してしまったのである。

明智弥平次が、光秀亡き後、坂本城で明智の一類・眷属《けんぞく》を悉く刺し殺し、天守に火を懸け、自害したのも、明智光秀の姻族でもあった荒木一族を、信長が厳罰に処したという、縁坐の拡大を意識したものではあったと思う。

4　明智弥平次と左馬助は誰か

弥平次と左馬助の人物比定

ここで明智「弥平次」あるいは「左馬助」と呼ばれた人物の実名が何であったのか、一説には「秀満《ひでみつ》」という人物が知られており、また第一章で述べたように、系図には「光春」の名が見えるので、これらの人名と人物との関係について考察しておきたい。「左馬助」の名が確実な史料に初めて見えるのは、玉子の婚姻時の天正六年である。『細川家記』には「明智左馬助」が玉子の乗った「御輿」に「付来り」、松井康之がその輿を受け取ったと記されている。「左馬助」が明智家の家臣代表として玉子を細川家に送り届けていることがわかる。

翌天正七年十一月、荒木村重の伊丹城が降伏し、荒木一族が処刑された。荒木村重の子息「新五郎村安」に「嫁聚」していた光秀の息女は、荒木事件の時に「離縁」されていたので、村重一類の女房たちは明智氏や細川忠興の顔を見知っていた。そのため忠興に何とか助命に努力してもらえないかと「頼みまする」と泣いて叫んだとされる説がある。細川忠興が伊丹城受取の「奉行」（『細川家記』）であったとすれば、女房たちが助命を乞うたのは頷ける。荒木一族の伊丹と京での処刑の前に、村安の妻は離縁され、その後「左馬助」と再婚したのであろう。

村安と婚姻した光秀の娘について、『細川家記』には「織田信澄妻の妹、秋林院様（玉子）の御妹」とある。この記述を信じれば、光秀の娘で玉子より年下の娘であったかのように読むことができる。

実在の光春

ところでこの荒木事件を記述した部分に、明智光春が登場する。京都で処刑されることになっていた三十余人の内、郡主馬宗保の娘を乳母が隠していたので、命が助かり、この人は後織田信澄が召し使っていたが「明智光春」の「内方」に遣わされ、次いで忠興君の「御前様」に遣わされた。この人は「おこほ」を産んだ「お藤」（後「松の丸殿」と呼ばれ、寛永六年小倉で亡くなったという）であるというのである。つまり郡氏の娘は荒木事件を運良く逃れ、織田信澄、光春妻、玉子に仕え、しばらくして忠興の側室になって女子を産んだことがわかる。忠興の側室の一人なのである。この「お藤」は織田信澄、明智光春の妻、忠興妻と、三人の光秀の婿、娘に仕えていたことになる。荒木事件以後この三人に順に仕えたのであるから、「明智光春」は実在したことになる。荒木事件以後の出仕であることから考えると、光春の妻は右述の左馬助に再婚した光秀娘であるとしても矛盾はないことになる。

つまりここから考察できるのは、明智光春は「左馬助」と同一人物であってもおかしくない、ということである。ただし左馬助と再婚した明智光秀の娘は、玉子の妹であったという記述から見ると、光秀娘は光春妻、玉子、左馬助妻の順であったとも考えられる。光春と左馬助が同一人物ならば、『細川家記』が玉子の妹とする説は、姉の間違いであるとも考えられる。明智家の系図に登場する光春は、光秀の従兄弟であるから、光秀とほぼ同年代であったとも考えられる。したがって、光春の妻となった光秀の娘は、年齢から見ても光秀の長女で、荒木村安と婚姻し、光春と再婚した人、つまり玉子の姉とするほうが妥当であると思う。

「左馬助」

天正十年六月の信長最期の場面に登場する人物は、次のようになっている。太田和泉守牛一が慶長十五年（一六一〇）に完成したとされる『信長公記』には、六月二日に亀山で光秀と談合したのは「明智左馬助、明智次右衛門、藤田伝五、斎藤内蔵助」であるとする。実名は『信長公記』には記されていない。「左馬助」について校注者桑田忠親氏は「秀満」と注記されている。

一方、天正十年十月に認めたと記される大村由巳の『惟任退治記』には、明智弥平次光遠、明智勝兵衛、明智次右衛門、明智孫十郎、斎藤内蔵助利三その他が本能寺を取り巻いたと記す。

光秀重臣の人名考察

この二書の間に明智一族の中心人物について相違が大きいことがわかる。そこでこの六月二日の部分だけでは確証が得られないので、『惟任退治記』に登場するその後の明智一族の名を合わせて検討することにする。なぜなら『惟任退治記』は天正十年十月に記されているという、明智氏滅亡直後の史料であるからである。筆者は大村由巳である。

『惟任退治記』という本能寺の変の直後に記された記録のうち、六月二日の記述で判明するのは、天正十年に「明智弥平次」と呼ばれていたのは「光遠」であったことである。天正十年時点での「弥平次」は「光遠」であったことになる。

六月二日、信長、信忠を討ってから、光秀は洛中の鎮定に当たることとし、青龍寺には「明智勝兵衛」を残し置き、その日のうちに坂本城にいったん戻ったと『惟任退治記』は記す。そして光秀は安土城に入る。すると、織田氏の妻妾たちは逃げ散っていたので、金銀珠玉を悉く「執拗」し、長浜・佐和山に乱入し、「江州一片（一遍）」に従え、十日に坂本城に帰陣している。近江はいったん光秀のものとなったのである。

ところが、六月六日から「大返し」を実施して山崎に取って返した秀吉軍と山崎で対戦する。秀吉は九日には姫路を発ち、昼夜兼行で馬を進め、尼崎に着陣、池田氏、丹羽氏と相談の上、摂津富田から「天神馬場山崎」にかけて広く陣を敷いている。つまり、富田から山崎、長岡京市天神あたりまで広範囲の布陣を、短時日のうちに成し遂げていたことがわかる。

光秀はこのことを「少不知」、青龍寺の西から山崎の東口まで陣を取っていた。秀吉は「中筋川手山手」の三方に軍勢を分けて、一挙に攻めたので、光秀方は追い崩され、塊になって青龍寺に立て籠もったが、光秀が城から落ちたので、すぐに軍勢は方々へ逃げ散っている。

弥平次光遠

一方、安土山には「明智弥平次」が在城していた。弥平次は六月二日条から「光遠」であることが確定できる。弥平次光遠は光秀の敗軍を聞き、安土城を焼き払い、千騎を率いて光秀軍に加わろうと大津まで来たところ、堀久太郎軍と行き合い、三百ばかりの人数を討っている。そこで「弥平次」は小舟に乗り、坂本城に至り、立て籠もっている。

翌日秀吉が三井寺に着陣し、次いで坂本に行こうとしていたとき、昨夜来味方が討ち取った首が「諸口」よりもたらされた。首実検をしていたところ、その中に光秀の首があったので、喜んだという。

「弥平次」は光秀の死を知り、明智一族を悉く「差殺」（刺し殺）し、「殿守（天守）」に火を懸け、自害して果てている。この記述から見て、明智弥平次光遠が一族を刺し殺して、天守に火を懸け、自らも自害したのは、坂本城においてであったことが確定される。そして「弥平次光遠」のこの行為は、「敵味方其所相感也」と表現されていたように、敵（秀吉方）にも味方にも立派な行為であったと称賛される最期であったことが判明する。

斎藤利三の人物像

もう一人光秀の家臣で『惟任退治記』の中で称賛されている人物は斎藤内蔵助利三であることは前述した。利三はもと稲葉氏の家臣であったが、光秀の丹波攻撃のころには光秀の家臣となっていた。後に徳川家康に召し抱えられる春日局《かすがのつぼね》の実父である。利三も光秀が討たれたことを知らず、堅田辺の知人を頼って蟄居していたところを捕らえられた。利三が平生嗜んだのは「非啻武芸、外専五常会朋友、内翫花月、学詩歌」という文化人であったために、『惟任退治記』は「惜哉《おしきかな》」と利三の死を惜しんでいる。光秀と利三はばらばらになっていた首と胴躰を合わせて、粟田口において「機《はた》（磔）」にされた。

弥平次は光遠

以上『惟任退治記』から確定できたことは、明智弥平次は光遠であり、光遠は本能寺の変に他の明智一族の者や斎藤利三と共に活躍したあと、山崎合戦時は安土山にいたが坂本城に向かい、坂本城で光秀の死を知って自害した人であったことがわかった。もう一人の明智勝兵衛は、本能寺の変に加わった後、光秀が洛中を鎮める間、青龍寺に残っていたことがわかった。

では『信長公記』に見える「左馬助」とは誰のことであろうか。この人については、『細川家記』に見える「左馬助」の坂本城での最期の様子が『惟任退治記』の弥平次光遠と完全に一致することに気付く。四十六歳が一期であったという。そして『細川家記』には、「光春室は秀林院様（玉子）の御姉也」の記述があることもわかる。この部分では『細川家記』は「光春室」が玉子の「姉」であるとするのである。

以上の考察から、明智光春こそが、光秀の長女と再婚した「弥平次」であり、後に光秀の婿になってから「左馬助」とよばれ、福知山城主にまでなった光秀の老臣であったといえる。弥平次・左馬助については、後に美濃の塗師三宅氏の子であったという説や、「湖水渡り」の説が付け加わり、「希代の者」であったという武勇伝が付加されてくる。琵琶湖を舟でなく馬に乗って渡ったという「湖水渡り」の武勇伝が残っている「左馬助」は、俗説では秀満であるとされる。しかし確かな史料に秀満の名は見られないので、光春と光遠が同一人物で、初め「弥平次」と呼ばれ、のち「左馬助」と呼ばれた光秀の婿であったと断定してよかろう。

光春がその人

第五章　忠興と玉子の婚姻

この章からは家族や主従関係を離れ、本書の主人公玉子に焦点を当て直して、その生涯を論じてみたい。まず夫となった細川忠興の成長を軸に検討を始めよう。

1　忠興の少年時代

忠興と玉子は同年生まれ

細川忠興は永禄六年（一五六三）十一月十三日に京都一条にあった細川家の「御屋形」で誕生している。細川藤孝の嫡男として生まれたひとであり、母親は藤孝の正妻沼田光兼の娘である。沼田光兼は若狭熊川の城主であると言われる。忠興の乳母には、中村新助の妻が選ばれたという。

明智玉子も同年の生まれである。永禄六年、母である妻木範熙の娘「熙子」の娘として生まれた。

このころの光秀の動静は不明である。おそらくは出自の地で美濃の大名斎藤氏に仕官していたと思われる。したがって玉子は美濃の山々を眺めて少女時代を送ったと思う。

忠興を育てた乳母夫妻

永禄八年、忠興三歳の時、足利義昭の「御漂白」に藤孝が付き従ったため、忠興は乳母の中村新助の妻に預けられ、隠れ過ごし、永禄十一年になって藤孝が帰洛し、青龍寺城に迎え入れるまで、厳しい幼児期を過ごしている。乳母夫妻が忠興を守ったのである。その後藤孝は乳母夫妻を懇ろに召し使い、新助に百五十石、妻に百石の知行を与えている。

青龍寺城入城

永禄十一年に藤孝が帰洛したのは、主君足利義昭が織田信長に奉じられて京都入りを果たしたためである。義昭に付き従って越前朝倉氏の元に藤孝がいた間、忠興など家族は屋敷にも住めず苦労していたことがわかる。

ただし忠興を青龍寺城に迎えたのは『細川家記』のいう永禄十一年ではなく、永禄十二年が正しいと思う。義昭の家臣として藤孝は永禄十一年には信長のもとを訪れており、当時京都を押さえていた三好政権との戦いは永禄十二年の正月から厳しくなり、その戦いは信長の強力な後援を得て、義昭の家臣達が対戦したものであるからである。よって藤孝が青龍寺城に入れたのは永禄十二年でなければならない。三好政権とのこの合戦で、信長家臣明智光秀と義昭家臣細川藤孝は初めて協同歩調をとることになった。

忠興の初めての合戦

元亀元年（一五七〇）、八歳の熊千代（忠興）は家臣松井・有吉両人と共に初めて合戦に出た。丹波国船井郡の城を巡る合戦であった。

元亀四年まで、藤孝は足利義昭との主従関係を絶つことはなかったが、この年（天正元年）、信長は義昭を二条城に攻撃し、降伏させ、次いで足利幕府が滅亡する。この時以来細川藤孝は信長家臣となって働くことになる。

天正元年七月十日に、桂川西地を「一職進退」として信長から与えられたのは、藤孝が信長家臣に転身したことを明確に意味する。そして青龍寺城のある西岡長岡の地名を姓としたのである。

家臣子女の婚姻

天正二年から七年の間、丹波攻略に腐心したのは、信長の構想を受けた明智光秀であった。前々章で見たように、光秀は精魂を傾けて京都の背後に位置する丹波攻略に努めた。これは、信長入京以後、京を安泰に信長政権の拠点とするための支援策に他ならない。

丹波攻略の間にも何度か長岡藤孝と行動を共にすることがあった。永禄十二年以来明智光秀と長岡藤孝は織田信長を主君とする家臣として、接したり行動を共にする機会が多かったことも、前章で見てきた。そして二人の関係についていては信長も光秀を上司と見ていたことも既に述べた。こうした明智光秀と細川藤孝の、行動パターンの中から、両家の子女の婚姻が構想されたとしてもおかしくはない。

光秀子女の婚姻を主君が決定

『細川家記』の藤孝の巻には、忠興と玉子の婚姻を約束させたのは、信長であり、それは天正二年（一五七四）の正月に、諸将が岐阜城の信長の元に呼ばれた時であるとする。信長家臣たちは、年頭の挨拶のために岐阜城に参集していた。そのとき信長は、光秀の四男を筒井順慶の養子に、光秀の娘を織田信澄の室にすること、また藤孝と光秀が「縁家」となるべきことを「命じた」とする。信長から忠興や玉子の具体的な名は挙がらなかったが、藤孝は忠興が

「剛勇」に過ぎるという理由で辞退したところ、信長は「教戒」を加えると言い、再三婚姻を命じたので、忠興と光秀娘（玉子）の「御縁約」が成立した、と『細川家記』は述べる。

この年忠興は数え十二歳であり、藤孝が「剛勇」と表現するには早すぎる感がある。信長は忠興について教戒をするに足る少年であると見て、婚姻の約束をさせたものと考える。したがって天正二年に成されたのは忠興と玉子の婚約であり、将来元服してからの婚姻が目指されたのであろう。

天正二年の正月に、光秀四男の筒井家への養子縁組と、光秀娘の織田信澄への嫁聚、光秀娘の忠興との婚約を、一挙に決定したところに、信長らしさがうかがえる。信長自身妹や娘の婚姻政策に熱心であったことは、先に見た。この天正二年段階には、明智光秀の子息・娘の婚姻・養子政策を、主君信長が決定している点に特徴がある。丹波・丹後攻略の責任者として光秀を構想するにあたって、光秀の協力者を姻族として結束させておくことも視野に入れて、信長はこのような婚姻・養子関係の形成を命じたと考えられる。

縁約の意義

信長自身よくは知らない忠興と、全く知らなかったであろう玉子を婚約させせようとしたのは、違例のように見えるが、むしろ封建社会では通例であったと考えられる。この忠興の婚約を、藤孝がいったんは辞退しながらも受けた理由は、前年（元亀四年・天正元年）に桂川西地を「一職」に信長から拝領したためである。これは藤孝にとっては、画期的な所領給与であり、本領を回復したばかりか、桂川より西の丹波山地まで、北は嵯峨、南は山崎という一帯を、信長政権によって与えられたことを意味する。このことに伴って、志水、革島、築山氏などの西岡の土豪たちは、細川氏の与力に編成されるという事態も生じた。そして光秀は当時坂本城にいて、近江南半の志賀郡を預かると同時に、京都の施政にも関与するという重要な位置に座っていたことは前述した。長岡氏（細川氏）にとっては、光秀と親族関係を形成することは、願ってもない機会であったので、信長の再三の仰せを受け入れたと思う。こうして信長の構想すなわち「光秀を西国征将となし、先ず丹波を征伐すべし、然らば長岡も倶に趣く（赴く）べし」という新たな戦略が、天正二年の正月に決定されたのである。

この後、光秀は天正二年から七年までの足かけ六年をかけて大坂の本願寺・一向一揆に対戦しつつ、丹波・丹後を攻略し終えている。「西国征将」と信長が呼んだのは、丹波、丹後攻略だけでなく、本願寺・一向一揆やそれと結ぶ毛利氏との対戦まで、信長が視野に入れ始めていた証拠であると思う。

甲冑初め

天正四年十一月、忠興は「甲冑初め」という儀式を行う。忠興は十四歳である。この時明智一族の「千秋太郎介」がこの儀式を司っている。千秋氏は小身ではあるが「目出度名」だからという理由で、藤孝が頼んだのだとされる（『細川家記』）。この甲冑初めにおいても明智家との連携が、信長の構想通りに進んでいたことが示されている。

忠興の初陣

天正五年（一五七七）二月、十五歳の忠興は初陣に出る。その戦いは信長の本願寺・一向一揆との合戦の一環としての貝塚一揆攻撃であった。若い忠興の働きを信長は「深く御賞美」なされたという。同年十月には、父子共に大和から丹波へ攻撃の矛先を転じ、亀山、篠山、久下、可部、籾井、萱などの城を攻め落としたといわれる。明智光秀の信長の命を受けての丹波攻略の最中でのことであるから、藤孝父子は、光秀の旗下で丹波攻略をなしていたことになる。

2　忠興と玉子の婚姻

信長が命じた婚姻

天正六年（一五七八）、忠興は十六歳になっていた。この年信長は去年（天正五年）の忠興の戦功を褒め、側近く勤めさせようと思い、「小姓」に取り立てた。そして八月、藤孝が安土に出仕すると、忠興の「縁辺」のことを、信長が通達したという。その時、光秀に与えた信長の書状が『細川家記』（『綿考輯録』）に収められているので、引用しておく。

其方事近日相続抽軍功、於所々智謀高名依超諸将、数度合戦得勝利感悦不斜、西国手ニ入次第、数ヶ国可宛行之条、無退屈可励軍忠候、乃細川兵部大輔専守忠義、文武兼備ニ候、同氏与一郎事秀器量、志勝事抜群ニ候、以後は可為武門之棟梁候、云隣国、云剛勇、尤之縁辺幸之仕合也

八月十一日　　　　信長御書判

惟任日向守殿

右の書状で信長はまず光秀の智謀を褒めている。この光秀の智謀については『信長公記』がしばしば光秀の調略を褒めている記述とも合致することは明白である。丹波方面の攻略に明け暮れていた光

秀の苦労と功績を高く評価していたことが読み取れる。西国を平定した暁には数カ国を与えるとの約束もなしている。そしてもう一人、細川藤孝は忠義を守り、文武兼備であると褒め、その子息忠興は「器量に秀で、志も抜群」で「ゆくゆくは、武門の棟梁」ともなるべき人物だと将来に期待したのである。さらに両家は、「隣国」であると同時に、「剛勇」でも並んでいるので、妥当かつ幸福な縁辺になると結んでいる。

信長の捉える光秀と細川氏

信長は光秀、藤孝、忠興についてそれぞれの個性を実によく把握していたことが、この書状から読み取れる。藤孝の「文武兼備」といい、光秀の「智謀」といい、人物評が『信長公記』の記載とよく合致していることが知られる。信長は家臣の持つ能力を的確に把握

細川忠興（三斎）（永青文庫蔵）

していた人なのであろう。
「隣国」とあるのは、このころ光秀は近江坂本城に居城し、藤孝は山城西岡の青龍寺城に住んでいたからである。隣国というより、直線距離にすると大変近い。距離的な近さだけでなく、光秀の西国経略への細川氏の参陣が数度あったことを含んでいると思う。

婚姻の有り様

こうして忠興と玉子の婚姻がなされた。この婚姻は、両家が同一歩調を取って親しい間柄であった点に意義があるが、この点だけでなく、主君信長の構想に基づく命令による婚姻であった点に特徴がある。

婚約時とこの婚姻時の、二度に亘る主君のお膳立てに、光秀は大変喜び、藤孝・忠興も「家門の面目」と喜んだという。

忠興と玉子の婚姻はこの年（天正六年）八月、藤孝・忠興の居城青龍寺城で為された。信長の光秀宛書状が出されたその月の内に、婚姻がなされていることがわかる。婚姻時、明智家から玉子を送り届けたのは、「輿」に付き従ってきた明智左馬助であり、長岡（細川）家側で輿を受けとったのは、細川家家臣松井康之である。両家の家老格の重臣がこの婚礼で大役を果たしていることが知られる。この時の祝言の座敷は、八畳敷と六畳敷の二間だけであったと『細川家記』（巻九）は記す。この信長時代の婚姻は、江戸時代の大名の婚姻のような大げさな形式の婚姻ではなかったことがわかる。

婚姻の意義の大きさ

形式は簡素でも、婚姻の持つ意義は大変大きかった。婚姻に際して明智家の家臣で細川家に入っている者がいる。それは『細川家記』や『明智軍記』によると、「一色（一式）宗右衛門」らがそれにあたる。主君の姫君の婚姻時、家臣が共に付き従ってそのまま夫方の家臣に移動することは、「お市」の浅井長政との婚姻、毛利氏の娘や徳川氏の娘の婚姻時など、広く一般的に見られるこの時代の慣習である。それほど婚姻は、家臣の運命をも左右する、主家にとっての重大事であり、思いつきで簡単になされたものでは決してなかった。

玉子の輿は

玉子が乗ってきた輿がどのようなものであったか、確実な史料は残っていない。しかし慶長三年（一五九八）の三月に秀吉が醍醐寺へ花見に行ったときの輿が屏風絵に残っている。これを見ると、近世大名家の輿のように立派な漆の蒔絵の装飾があるのではなく、質素な板輿であることがわかる。まだまだ秀吉の時代までは、輿にまで装飾を凝らす風習はなかったのであろう。

信長・光秀・藤孝の望む婚姻

細川忠興と明智玉子の婚姻は、信長家臣として、永禄十一年から行動を共にすることが多かった明智光秀と細川藤孝の結束を、より強めるために、双方からも望んで為された婚姻であったといえる。そのうえ、主君信長にとっては、至近距離に城を持つ光秀と忠興を結んで、大坂の本願寺を中心とする一向一揆に攻撃を加え、平定中の丹波から丹後までを平定目標に定めることができるから、その西にいて平定に苦慮している羽柴秀吉の背後からの支援にもなる、との構想があったためであると思う。

婚姻の命令は天正六年八月に出され、その月のうちに祝言がなされた。玉子の婚姻は、戦国期の武将の婚姻儀礼に倣って、輿の授受という形式を踏んでなされたが、二間の座敷を儀式に当てるという、簡素なものであったことも知られた。

婚姻行列の実際

忠興と玉子の婚姻の様子はこれ以上史料に残っていないので、他の戦国武将の婚姻の事例から、玉子の婚姻行列がどのようなものであったのかを検討しておく。

玉子の婚儀に遅れること七年、東国の武蔵国では、太田氏房《うじふさ》が祝言をあげている。太田氏房は小田原を本城とする北条氏政の次男である。北条家は氏政の嫡男氏直《うじなお》が天正八年に家督を継いでいた。そのため次男氏房は太田資氏の娘「小少将」と婚儀をあげ、太田資氏の婿となり、名跡を継ぐことになったのである。婚姻直前氏房は武蔵国岩付（岩槻）に居り、「小少将」は太田氏の本城江戸にいたので、花嫁行列は江戸から岩槻まで進んでいる。

行列次第は次のようになっていた。

一番～七番　長持、貝桶、屏風箱など荷を担う輿
八番　二〇人の輿添衆の輿
九番　「小少将」の輿
十番　上﨟の輿（男性家臣二人が従う）
十一番　局の輿（同右）
十二番　中﨟の輿（同右）
十三番　中﨟の輿（同右）

（これらの輿の間は、五、六間ずつ間が置かれる）
（十間ばかり置いて）
十四番　二十人余の走衆の得道具
（十間ばかり置く）
十五番　「女騎《めき》」の奉行と「女騎」
（十間ばかり置く）
十六番　女房衆下司以下奉行
（十間ばかり置く）
十七番　荷物奉行（男性家臣二人が従う）
（二十間ばかり置く）
十八番　警護（太田備中守）

右のような長大な行列をなすべきことは、北条本家の当主北条氏政から朱印状で太田備中守・宮城美作守・福島出羽守に対して命じられている。宮城・福島はこの婚礼行列の惣奉行であった。

行列次第を読むと、その行列の長いことにまず驚かされる。一間は約一・八メートルなので、行列の間隔だけで約二百メートル以上となり、輿、「女騎《めき》」、男性家臣や荷物の列を考慮に入れると、二百五十メートル以上の行列になると見てよい。戦国大名北条氏の威勢を遺憾なく発揮する婚礼行列であったといえる。

参列した人々

行列に参加した人々は、男性家臣が輿添衆や走衆などとして、警護のために多数参加していたことがわかる。したがって、玉子の婚姻の際にも、明智左馬助以外の男性家臣が多数行列に供奉したものと考える。

一方女性家臣も上臈、中臈、女房衆など様々な職種の女房たちが行列に従っている。特に「女騎」は、女性の騎馬武者のことであり、女騎の奉行と女騎だけで十五番を構成していたことが知られる。奉行とは、天野主水、岸野山城の二人を指し、十六番の「女房衆下司以下奉行」にも若海、立石の二人の人名が見える。これらは男性家臣が女騎の奉行や女房衆の下司をつとめたことをあらわすものであろう。

「女騎」の参列から分かること

婚礼行列に騎馬武者姿の女性たち「女騎」が男性奉行に率いられて参加していたことは、女性たちが馬に乗る習慣を普遍的に持ち続けていたことを示す。また、武田氏領国で、騎馬で関所を通った「女騎」があったことから、物資輸送などで生活の必要上乗馬を女性もこなしていたことが知られる。合戦の場における乗馬の史料ではなく、婚姻行列という晴れの場や物資輸送での乗馬であることは、合戦よりも、より普遍的なかたちで女性の乗馬が日常生活の中で存在したことの証拠となると思う。

現在長岡京市では青龍寺（勝龍寺）城跡が公園になっている。そこに再現された城郭の一角に、玉子の輿入れ行列の様子を織り上げたタペストリーが飾られたことがある（口絵参照）。現代に再現された想像による図柄ではあるが、当時の輿が板輿であったことや、行列の様などが、描かれていて、玉子の輿入れがおよそこのようなものであったであろうことがしのばれるよう、工夫されている。

3　荒木一族の処刑

出陣に明け暮れる忠興

天正六年八月の婚姻の直後、忠興はその年のうちに丹波国小山、大槻、高山、馬堀の諸城を落とし、摂津の荒木氏の籠もる有岡城（伊丹城）攻めを続けている。

天正七年になると前年からの有岡城攻めの軍労を賞され信長から雁を贈られたりしている。七月には丹後に出陣し、ここには十月まで在陣した。九月十八日には光秀が宇津、中沢、和田ら丹波の国人衆三千人ほどが立て籠もる鬼ヶ嶽城を攻めるという情報が届いたので、忠興は近習と松井を連れて出陣した。光秀は婿の参戦を喜んで、陣に加えている。

荒木氏の降伏申し出

十一月、伊丹城の荒木一族が降伏を申し出た。荒木村重は既に九月に重臣たちのみを連れて密かに尼崎城に逃げていた。尼崎城には、村重の嫡子村安がいたからである。伊丹城中の荒木氏の妻子や家臣・その家族、従者たちは、見捨てられたかたちになっていたのである。

光秀は初め荒木方との交渉役を務めていた。光秀の娘が荒木村安の妻となっていたことを先に述べたが、このころには光秀は丹波波多野氏との対戦に明け暮れており、荒木氏との交渉役からははずれていたと考える。代わりに荒木氏方が頼りにしたのは、細川忠興である。村重の妻子一族三十余人の京都での処刑、家臣やその妻子、従者たち百二十人ほどの七本松での磔が決定したころ、忠興は処刑の「奉行」を勤めていたようである。そのため、村重は幼少の男子を忠興に密かに預けたという。この子は後、成長して「荒木善兵衛」と名乗ったとされる。

荒木一類の者は、光秀の息女が村重の妻だったので、光秀の姻族である忠興の顔もよく見知っていたという。そのため、忠興に「与一郎（忠興）様、頼ミまする」と「声々に」泣き叫んだという。顔見知りの忠興が「奉行」の任についていたので、口々に命乞いをしたのであろう。村安の妻は、「村重反逆の砌」に離縁されたとあるので、この前年の天正六年ごろには離縁され、明智左馬助に再婚していたと思われる。

郡主馬の娘

荒木一類で京都で処刑された三十余人のほか、命が助かった者がいた。それは、郡主馬宗保の娘である。この女性を乳母が隠して難を逃れたという。この人はのち、光秀婿の織田信澄の側に仕え、次いで「明智光春」（左馬助）の「内方」つまり光秀長女（先夫は荒木村安）に仕え、次いで忠興室玉子の侍女となっている。名を「お藤」といい、この人はその後忠興の側室となり「おこほ」を産んでおり、「松の丸殿」と呼ばれている。お藤がおこほを産んだのは天正十年本能寺の変がおこり、玉子が幽閉された年であるので、お藤はその前から忠興の側室になっていたことになる。お藤の産んだ女子「おこほ」は、成長して後家臣松井興長《おきなが》の妻となっている。

信長から「西国征将」と考えられていた光秀は、畿内や丹波・丹後平定のためには、摂津国を一職に預けられている荒木氏の力を借りる必要があった。また細川藤孝も、足利幕府が存在したころから村重とは「睦まじかった」とされる。したがって荒木氏、明智氏、細川氏の間に自主的な婚姻関係が成立しており、伊丹城落城時にその縁が頼られたとしてもおかしくはなかったのである。

一族の処刑と縁坐

荒木一類の京都での処刑、七松での大量虐殺は、信長の平定戦中でも特に悪名高い事件であり、『フロイス日本史』でも「前代未聞といえるほど残酷」な処刑であったと評していた。諸種の史料での評価は一致している。

この荒木一族の縁坐が縁坐の歴史そのものに変化を生じさせ、後に「お市の方」が柴田勝家と一緒に自害して果てるという道を選ばせたことに繋がったことを前稿で述べた（拙著『日本中世の女性』参照）。そしてこのたび細川家の記録を丹念に紐解くと、荒木事件の背景やその経過がより詳細に理解できたように思う。荒木氏と婚姻関係を持ち、荒木方との仲介にあたった明智氏や細川氏にとって、一族家臣の大量虐殺（村重自身は生き延びた）は、決して両氏が望んだ解決方法ではなかったことが明確になったと思う。

4　玉子の第一子第二子出産と丹後への国替え

忠隆の誕生

天正八年（一五八〇）四月二十七日、玉子は系譜上の第一子忠隆《ただたか》を産んでいる。幼名は「熊千代」である。玉子も忠興も十八歳である。忠隆は長岡（細川）氏の本城青龍寺城で生まれている。玉子にとっては、世情不安は気掛かりではあったが、天正六年八月の婚姻から、天正八年に忠隆が生まれるまでの一年八カ月は、安定した幸福な時期であったといえよう。光秀、藤孝が同じ歩調で信長の家臣として活躍していたからである。特に光秀が波多野氏を降伏させて、天正七年には、丹波・丹後を平定し終えていたという、光秀にとっては最も輝かしい時代であったからである。

天正七年、長女「長」を産む

ところで、忠興と玉子の間には、忠隆以前に女子が生まれていたと思われる。それは「長」という名の女子であり、後のこの娘の婚姻の状況から考えて、天正七年でないと矛盾が生じてくるからである。のち長は豊臣秀次《ひでつぐ》家臣前野長重に嫁したのであるが、長重が文禄四年（一五九五）七月に、秀次に連座して切腹させられたために、離婚状態で細川家に預けられた、という運命をたどる。一五九五年に前野氏と婚姻を遂げていたとすれば、一五七九年ごろの出生、一五九五年には十七歳と見るのが妥当であると思われる。したがって玉子の第一子は女子「長」であり、天正七年生まれで、翌年に第二子（嫡男）忠隆を産んだと考えられる。忠隆は青龍寺城で生まれているから、それ以前に生まれた長も、青龍寺城で誕生したと考えてよい。天正六年の婚姻の翌年には、長の誕生を祝ったと考えられる。

細川氏の丹後入国と宮津築城

天正七年の丹波・丹後平定によって、丹波は光秀に、丹後は細川氏に与えられることとなった。細川氏は丹後十二万石の国主となったのである。それも、若い忠興に丹後を与えると信長は述べている史料もある（『細川家記』）。そのため、細川忠興は丹後に入国し、まず宮津の八幡山城に入った。その直後、宮津に城を築くこととなる。同年八月の信長書状によると、信長は宮津に城をつくることを了承すると述べ、光秀とよく相談して、宮津城を堅固に築くように、と指示している。ここで「光秀とよく相談して」とあるように、これまでの光秀を上司、細川をその下と位置づける信長の家臣団組織観は変わっていないことがわかる。

また信長はこのころ、畿内の城は大方破脚していた。信長の敵の所持していた城は次々に無くなり始めていた。そうした時に、丹後宮津で城を新築することが許されていることが注目される。今後の細川氏の丹後支配の拠点として、堅固な造りにするよう、信長が指令していること、そして城造りにおいても、光秀と相談することが指示されていたのである。

八幡山城は中世の山城である。これを捨てて、新たに宮津湾岸に城を造るのを許したのは、信長の畿内での旧来の城破却方針と矛盾しない。信長は安土城建設後、畿内やその周辺の城のあり方を変更しようとの意図をもっていたのかもしれない。

成長した忠興

ところで、丹後十二万石を与えられたのが、藤孝一人ではなく、藤孝・忠興父子であることが注目される。忠興はこの年十八歳である。天正二年の婚約のころから「剛勇」であると言われていたが、その他の面では忠興はどのような人物であったのだろうか。荒木事件の時、一族の妻子や家臣たちを処刑する際の「奉行」を勤めていたことも先に見た。忠興の成長ぶりを示すのは、天正八年八月十八日付けの「成相寺文書」中の禁制である。宛先は江尻村で、軍勢の乱暴狼藉を禁じた禁制としては平均的な内容である。ふるっているのはその署名が光秀・藤孝・忠興の三人であることである。十八歳の忠興が父と並んで丹後国主であることを、配下の村々に示したということになろう。忠興の非凡な才能が示されている。そしてこの時も、光秀は細川氏の上司として、細川家の丹後支配に協力する関係にあることを表明していたのである。

細川忠興と玉子の婚姻は、信長の命令によって実現した婚姻ではあったが、それ以前より上司と仰いだ明智家と、細川家が姻族になったことは、細川家にとって発展の基礎を形づくる願ってもない好機であった。信長家臣団の方からも望まれた婚姻であったといえる。

第六章　丹後時代の玉子と忠興

1　丹後の平定戦

天正八年八月二日に細川藤孝・忠興は、住み慣れた青龍寺城から丹後の八幡山城に入った。ここは風光明媚な城であるとはいえ、かつての領主一色氏の山城でもあったので、山城故の不便さもあり、前章で触れたように、宮津湾頭に新たに平城を築くことになった。

一色氏と八幡山城

一色氏は室町期明徳の乱以後、丹後・若狭・三河三国守護を勤めた名家であり、詮範《あきのり》代には侍所頭人を勤め、四職の一に数えられた家である。その後永享年間以後は丹後・伊勢の二国守護に、次いで義直代以後は丹後一国の守護職を相伝していた。この戦国期には、義定《よしさだ》が丹後で勢力を持っていた。義定は後述するように、細川氏と丹後で対戦することになる。また一族の持範《もちのり》の子孫一色藤長《ふじなが》は、藤

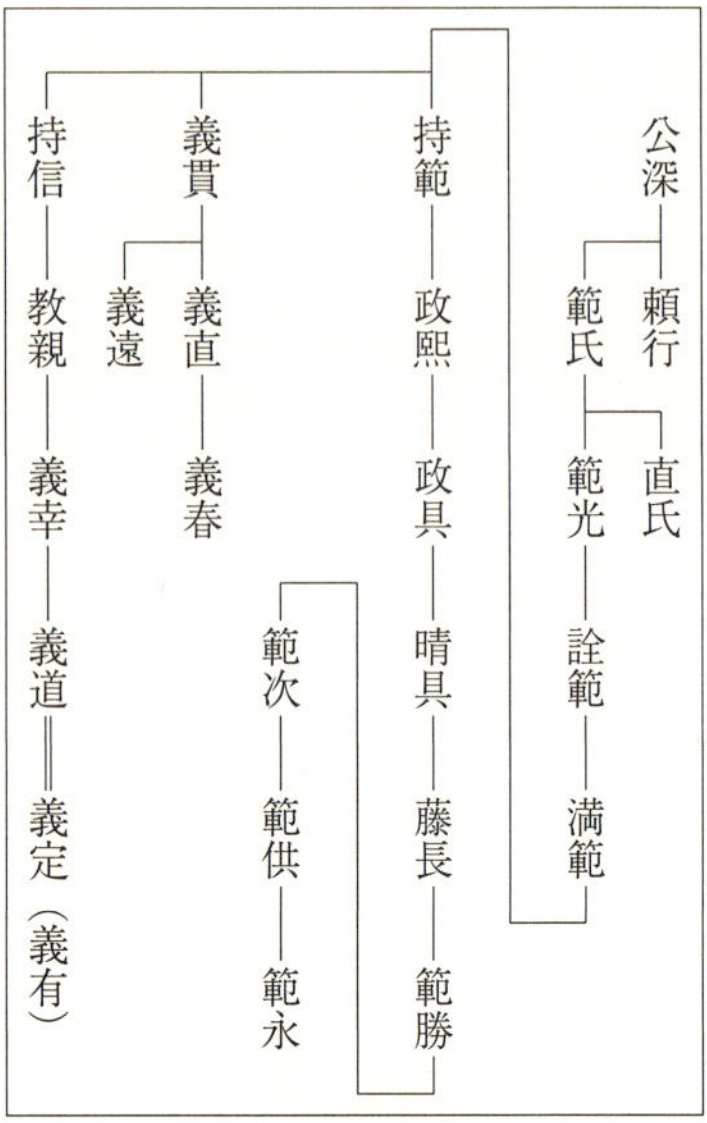

一色氏略系図
＝は養子。

孝と共に義輝、義昭二代の足利将軍に仕えた家臣として知られていた。丹後守護として、信長時代に知られていたのは一色義有《よしあり》である。義有は義遠の子で、義直の甥にあたる。少年時代を三河の叔父の元で暮らしたようである。叔父義直、その子義春が戦死したため、叔父の元から丹後に帰り、丹後一色氏の家督を継ぐ。永正三年（一五〇六）隣国若狭の武田元《もと》信《のぶ》が細川澄元《すみもと》の援軍を得て丹後に侵入してくるという事件があった。そこで、義有は丹後府中の成相寺で武田軍と戦い、破っている。しかし十一年山名軍に丹後を侵され、次いで武田元信も侵入してきたため、宮津で防戦につとめている。

一色氏の系図を右に掲げる。

一色義定と弓木城

天正八年に細川氏が入国する直前、明智光秀と共に信長の配下として丹後平定に努力していたころ、一色氏は義定（義有）、その叔父義清らが弓木城などにいて、丹後を外来勢力から守ろうと努力していた。天正七年（一五七九）七月細川藤孝・明智光秀は信長の丹波・丹後平定構想に基づき、丹波峰山城（中郡峰山町）を陥落させ、一色義定の籠もる弓木城に焦点を合わせる。義定の義父義道《よしみち》が、沼田勘解由の裏切りによって自害に追い込まれるという事件が発端となり、その子義定は細川軍の本陣を攻撃し、与謝郡弓木城に逃れていたからである。ここはこれ以前、稲富氏の本城であったが、主家の一色氏に奪われたかたちになったのである。

ここで、天正六年から八年にかけての、光秀と藤孝の丹波・丹後平定戦を簡単に振り返り、丹波丹後の国人たちにとって光秀や藤孝はどのように写ったかを考えてみたい。

光秀、丹波を攻略

天正六年（一五七八）三月、光秀は丹波攻略に出立した。信長自身も初めは出馬を意図していたが、出馬を取りやめ、滝川、丹羽、長岡藤孝を加勢として送ることを決めている。光秀とこの三人が「四大将」として、波多野氏の八上《やがみ》城を攻めるが、攻めあぐね、光秀は「食攻め」（兵糧攻め）を提案、明智次右衛門、藤田伝五などの明智家家臣や、四王天、松田、荻野、御牧、山本、中沢、波々伯部などのもと丹波の国人衆で、光秀の寄子となった人々に八上城を攻め囲ませる方策を採る。波多野氏の籠城戦は翌天正七年五月までの一年二カ月に及んだという。

丹波国人衆を寄子に

光秀、藤孝はこの前年天正五年から丹波征伐に取り組んでいた。天正五年には亀山城を攻め落とし、この城にいた内藤氏の家人たちを抱え、波々伯部の城篠山城、久下城、可部城などを攻めたので、荻野、波々伯部、石尾、中沢、酒井、加治などが降参していた。こうして配下に置いた丹波の国人衆が翌年には光秀・藤孝の寄子として波多野攻略に参陣していることがわかる。また光秀の採った策は、降伏した国人衆やその家人たちは、自らの陣営に召し抱えるという策であり、荒木氏に対して行った信長の惨殺のような方策ではなかったことがわかる。

天正七年、八上城中は食料が尽き、牛馬を殺し、草木の葉を食したがそれも尽きたので、波多野兄弟はやむなく降参してきた。そこで、六月二日（『織田軍記』）

波多野氏を処刑

波多野兄弟三人を捕らえて光秀は安土に送った。信長は波多野を許さず安土城下慈恩寺で、六月四日に切腹を仰せつけた。この波多野氏に対する処刑について、「藤孝君、惟任（光秀）、是を憤らる」と『細川家記』は述べたのであった。

波多野氏の処刑を巡る信長と光秀・藤孝の意見の相違については、前章でも取り上げた。意見の相違に関わって、『織田軍記』に、波多野氏が和を乞うた時、光秀との仲介に立ったのが山伏西蔵院、愛宕山の大善院であったこと、講和のために光秀は老母を人質に渡したことが記されている。講和を追求するために、保証として人質を交換することは、この時代に普遍的に行われた。この作法の一環として、光秀は人質として母親を波多野氏に差し出していたとすれば、波多野氏が処刑されれば、光秀の母親が生きていたとは考えられない。この点で光秀が主君の戦略に大きな疑問を持ったとしても不思議はないと思う。

また講和の仲介をした人の中に、愛宕山大善院の名が見えることも注目される。のち天正十年五月に光秀が信長に反逆する決意を固めた連歌会は、愛宕山で行われているからである。愛宕社の支社が丹波・丹後に多数あり、人々の尊崇する神社であったことが、このような講和の仲介者の立場を保証する理由であったと思う。

天正六年の状況を振り返る

時間を波多野攻撃の始まる時点天正六年の春に戻すと、天正六年四月、藤孝は光秀と共に丹波の奥、丹後に攻め入る構えを見せる、丹後の一色氏は弓木城に籠もって応戦に備える。ところが播磨別所氏の三木城を攻めていた秀吉の加勢をすることを、光秀、藤孝は命じられ、「丹波・丹後の戦を止て」、五月三日播磨へと転戦し、七月には神吉・志方両城を「光秀の謀にて」攻略し終え、二城を秀吉に渡すのである。このように天正六年には、波多野氏を「食攻」にすることを提唱し、成功させたり、波多野氏との講和を計ったり、神吉城などで「謀」を働かせるなど、光秀の「調略」が冴え渡っていたことがわかる。

天正六年八月忠興と玉子の婚姻が整った。二人の婚姻は、青龍寺城でなされたことは前述した。この婚姻は、両人の父親同士が信長家臣として、厳しい戦いの最中ではあったが、常に同一行動を採り、結束が極めて固かった時期になされたことがわかる。

婚姻の喜びに浸る間もなく、九月になると、光秀、滝川、藤孝に加えて、忠興も丹波に出陣し、小山、大館氏を降し、十月には藤孝はまた播磨へ出陣し、光秀は荒木村重の説得にまわっている。

丹波国人衆と細川・明智氏

天正七年七月、光秀の峰山城攻撃が始まる。藤孝、忠興も「御加勢」として出陣した。藤孝、忠興は、丹後の国人領主のうち、まだ服属していない国人の城を攻めた。一色五郎義有は弓木城に、矢野は田辺城、大島・中山は由良城、落合は落合城、滝山は滝山城、吉原は峰山城、一色式部は八form城、桜井・小山は熊野城、一色・清水は久美城、多賀野・一色は竹野城というふうに、丹後の国人衆は、一色氏と結束して城を守った。藤孝は「扱い」に入り、交渉でこの事態を打開しようとしている。大島・矢野・滝山らが会合して「和議」を結ぶのがよいと衆議一決、一色義有は降参し、大島、桜井、矢野などは帰服し、人質を出している。この時の藤孝の家臣のうちの中心人物は「上羽丹波守」であり、光秀の重臣は妻方の親族「妻木主計」であった。

丹後国中はほとんど「攻め伏せ」られたが弓木城は墜ちなかった。

十一月になると、藤孝・光秀・丹羽・村井貞勝らは、京都で誠仁親王の二条御所への移徙《いし》の警護に当たっている。

丹波・丹後攻略成る

天正八年六月、光秀が赤井兄弟の立て籠もる穂壺・高見の城を二つ共に攻め落としたことで、丹波・丹後が信長の手中に入った。丹波攻撃開始天正五年十月から、実に二年八カ月の長い戦いであった。七月信長は光秀・藤孝を安土城に召し、丹後は藤孝に、丹波は光秀に与えると述べ、安土城の天守閣を見物させている。

その直後、八月上旬、藤孝、忠興は青龍寺城を離れ、丹後に入国する。青龍寺城には、当面松井康之を残し置いたが天正九年三月、松井は丹後に移ってきている。

青龍寺城時代の玉子

玉子にとっては、青龍寺城での生活はわずか二年にすぎなかった。その間、夫忠興も丹波・丹後へ、摂津の伊丹城へ、それに京へと忙しく立ち働いていたので、城を留守にすることも多かったであろう。城主夫人は、夫の留守中城主の役割を代行する仕事についていたと想像できる。合戦に出ている夫や父親を支援するために、食料の備蓄に気を配り、衣類や、時には武器の補給まで、考えておかねばならなかった。鎌倉期の相良氏の妻が衣類の原料であり地子として収納された苧麻を管理したり（「相良蓮道置文」）、頼朝が夫の留守中の御家人の妻に軍役として綿衣を供出させたりした（『吾妻鏡』）のと同じ原理に基づいている。すなわち武士の妻は夫の留守中は夫に代わって家を管轄し、夫に課された軍役を代行する役割まで握っていたと考えられる（鎌倉期の武士の妻の役割については、拙著『日本中世の女性』参照）。

一色氏との二頭支配

天正八年八月、細川氏が丹後に入国したとき、弓木城には一色義定（義有）がいて、堅固な山城であるこの城は藤孝の手には入っていなかった。細川氏が八幡山城に入り、次いで宮津城を建設したのも、丹後では一色氏という勢力との二頭政治になったからである。

つまり、細川氏は与謝、加佐の二郡を支配し、一色氏は弓木城で中・竹野・熊野の三郡を支配する、というかたちである。細川氏は八年八月、信長に宮津築城の許可を求める。信長はこれに対して光秀に相談し、「丈夫」に城造りをするように、自分は大坂に至って、畿内の諸城は大略破却させた、と述べている（『細川家文書』）。

信長の許可を得て、宮津の城普請は「夜を日に継いで」急いで行い、光秀も「御加勢」し、本丸は家臣有吉立言が普請したという。宮津の城が出来上がったことによって、忠興の正室玉子、その子長と忠隆、忠興の弟興元《おきもと》ら細川家の一族が揃い、青龍寺城を預かっていた家臣松井たちもすべて丹後に移ったのであろう。そして、長岡玄蕃（忠興の弟興元）を峰山城代に、松井を久美浜城代にし、有吉には安良の城を預けている。十二月には国中の仕置きを仰せ付け、年末には安土へ年賀のために向かっている。

信長の領国統治方針

信長は天正九年三月、丹後国中から「指出」を提出させ、それに基づいて給人に知行地を宛がうように藤孝に命じた(『細川家文書』)。信長は領国を家臣に与えると、早速拠点になる城を造らせ、それ以外の城は破却させて、反乱の拠点をなくし、領国統治の第一歩として、指出検地を行わせるというふうに、段階的に順序を踏んで、次々に新統治方針を実行させていたことがわかる。信長の構想が領国ごとにどのようなものであったかは、『信長公記』を読んでも理解しにくいが、細川氏など、家臣側からながめると、信長の領国統治方針がクリアーになってくるのである。

宮津城跡(京都府宮津市鶴賀)
市中心部にあったため,現在その遺構はほとんど残されていない。(宮津市産業振興室提供)

伊也の婚姻の意義

この段階では、改めて、一色氏とその家臣矢野氏が丹後国内でまだまだ大きな勢力をもっていることが、細川氏にとっては障害物と認識されたと思われる。

当時一色氏は弓木城に、矢野氏は加佐郡田辺の奥山城(現在は舞鶴市内)にいたからである。

そこで明智光秀が仲介に立ち、細川藤孝の娘伊也《伊彌》が「一色五郎義有(義定)」に嫁すことで、和睦が成り立った(「細川氏系図」参照)。この一色義有との婚姻の時期を『細川家記』は天正九年(一五八二）五月のことであると記す。

ところで藤孝の娘「伊也」は一五六八年生まれであるので、この年十四歳であることになる。義有との間に、婚姻の年（天正九年）の十二月に男子が生まれたとされる。男子にも、父と同じく「五郎」と名付けたという。この五郎の誕生を藤孝はたいそう喜んだという。こうして細川氏と一色氏の、束の間の平和が成立した。この平和が破れるのは、天正十年九月である。

2　「馬揃え」での忠興の役割

忠興の唐錦献上

天正九年二月、信長は京において内裏の東に八町の馬場を築き、大々的な「馬揃え」を行う。天皇以下、公家や寺社、それに一般の人々がこれを見物した。この馬揃えの奉行が光秀であったことは前述した。細川忠興は、昔、蜀の国から日本にもたらされた三巻の錦の内の一巻を、京の町で探し求め、信長に進上している。『信長公記』『細川家記』の両書に記載されるこの貴重な「唐錦」を見て、信長は「目を驚かした」と褒め、お返しに柿一折を送り、二十八日の馬揃え当日にはこれを小袖に仕立て、袖口には金で覆輪を取り、着用した。信長の馬揃えの衣装として最も重要なものを、忠興が調えたことがわかる。京と西岡に屋敷と城を持ち、足利幕府以来京の情勢には詳しい細川氏ならでは、この錦は得られなかったであろう。

馬揃えの行進では、光秀や、かつての細川氏の寄子革島氏など、大勢の信長家臣が、きらびやかな衣装で行進した。池田恒興の嫡男之助（元助とも）は金尽くめの衣装で、馬にも金の鞍を置いて行進していた。馬の毛爪やたてがみにまで金を塗っていたことは前述した。『フロイス日本史』は、「華麗な出立ちの七百人の武将が集」い、諸国から見物に来た群衆は「二十万人に近い」と述べている。巡察師、司祭、修道士たちも、全員が列席するよう求められたという。観衆を意識しての信長の大デモンストレーション、それが天正九年二月の馬揃えであった。

青龍寺城から宮津城へ

馬揃えの済んだあと、青龍寺城は信長に召し上げられ、城代として三月二十五日、矢部善七郎、猪子兵助が遣わされ、細川氏の長岡時代は終わった。三月末には、去年丹後が与えられて築造が許された宮津城が出来上がり、宮津へと本拠地が移された。こうして天正九年三月には、細川氏は京都の西郊外を離れ、名実共に宮津城主となったのであった。

玉子の居所

天正六年に山城青龍寺城で婚儀を挙げてから、天正七年に長女「長」を、天正八年四月に嫡男忠隆を青龍寺城で産んだ玉子は、同年八月の藤孝・忠興丹後入国後、おそらくは宮津城が出来上がるまで青龍寺城にいたと考えられる。宮津城が出来上がり、細川氏の丹後支配の基軸が始動し始めた天正九年三月（この月の初旬、信長は藤孝に丹後国の指出の提出とそれに基づく知行宛行を命じた）ごろには、宮津城に入っていたと推測できる。

その間、所々へと合戦に出陣したり、馬揃えの準備に追われる藤孝や忠興を支えるため、青龍寺城の女主《あるじ》として、衣類や食料の準備、家宝や武器の管理、家臣たちやその家族への気配りなどを主な役割としてこなしていたと考えられる。

玉子のひととなり

『明智軍記』に玉子のひととなりが記されている部分がある。「容色ことに麗しく、糸竹呂律の翫びも妙」であったので、舅の藤孝も「一入《ひとしお》最愛の嫁」であったとある。玉子は大変な美人で、琴や笛の演奏が巧みであるので、当代一の文化人と言われた細川藤孝は玉子を最愛の嫁としてかわいがった、というのである。このように、藤孝と玉子の心が琴や笛また和歌を通じて通い合っていた時期は、天正六年から天正十年六月までの、青龍寺城時代・宮津城時代に限定されると考える。この時代、玉子は細川家にとって、上司光秀の娘であり、優れた資質を持った、申し分のない嫁・妻であったといえる。

そして運命の時天正十年六月を迎える。

3　玉子の運命の暗転

急使到着

天正十年（一五八二）五月、備中で毛利氏と対陣している羽柴秀吉に対する援軍として、池田恒興、明智光秀、筒井順慶、高山右近、中川清秀、それに細川忠興ら三万五千人が出陣していった。忠興は二十歳である。忠興が松井・有吉という重臣を連れて宮津から犬ノ堂までやってくると、愛宕下坊の孝朝僧正から飛脚が来て、文箱を差し出す。その中には、六月二日に「明智殿の人数が俄に襲い来たため、信長公御父子は切腹された」との注進があった。愛宕下坊は、光秀主従が百韻連歌を興行したとき、同席していた僧の居所である。

そうこうしているうちに光秀から沼田権之助光友を使者として、味方として上洛されたいと誘いが来た。この時光秀は本能寺の変を起こした理由として「信長は光秀に対して度々面目を失わせ、我が儘の振る舞いのみあったので、父子共に討ち亡ぼし、積鬱を散じた」と述べている（『細川家記』）。家康の接待を信長が難じたこと、波多野氏の処罰における意見の違いなどが積もる鬱憤の理由として推察される。

光秀からの誘い

光秀の誘いに対して、藤孝は同心せず、忠興は憤怒のあまり、使者沼田を殺そうといったが、藤孝が「使に咎《とが》はない」と再三留めて沼田を帰したと言われる。後この沼田権之助は藤孝を頼って細川家に奉公を願い出て、叶えられ、「長岡権之助直次」と名を改めている。細川の重臣松井は、明智の重臣「明智左馬助」に書を送って「義絶」している。こうして細川家では主従共に光秀に同調しないという決意を固めたのである。

一方光秀はかつて丹波・丹後征服時に服属させた、一色義有と矢野光長を招くことに成功した。こうして本能寺の変の後、丹波・丹後で細川氏は合戦を続けることになる。特に一色氏はこの際光秀に頼って丹後国を細川忠興の手から取り戻そうと弓木の城に籠もっている。その後、一色義有は天正十年九月、宮津城内本丸広間で、謀殺されるのである。この義有の死によって、名家一色家は断絶した。義有の妻で藤孝の娘伊也はのち吉田（卜部）兼治と再婚している。

人里離れた味土野に幽閉

このような状況になると、忠興の正室玉子の立場は大変厳しいものとなる。玉子は主君信長を弑逆した謀反人光秀の娘という烙印を押されることになった。忠興は本能寺の変の直後玉子に向かって「御身の父光秀は、主君の敵なれハ、同室叶ふへからす」と言い、「一色宗右衛門」という「浪士」と「小侍従」という侍女の二人を付けて丹後の山中の「三戸野《みどの》」（味土野）に送ったとされる。

味土野（京都府弥栄町、現在は京都府京丹後市）は現在では人家のほとんどない山深い地域である。玉子が幽閉されたと伝わる場所は山中の小さな丘の上である。面積二十平方メートルほどの平坦な部分が丘の上にあり、この丘は「女城」「御殿」「おさきの岡」などと呼ばれる。この丘からは、昭和初期に三十戸ほどの人家が谷間にあるのが眺められたという。しかし今は近くには人家は見あたらず、御殿跡に「細川忠興夫人隠棲地」の碑が建つのみで、二十年ほど前まであった「ガラシャ荘」も閉じている。ここには、人家が多かった時代、分校が置かれていたという。

味土野の隠棲地（京丹後市弥栄町）
（宮津市産業振興室提供）

「女城」から谷を隔てた台地に「男城」があり、細川家が遣わした玉子警護の武士たちが詰めていたと言われる。しかし現地へ行って見ての感想であるが、谷を隔てているため、玉子の急難には間に合いそうにないと思うが、どうだったのだろうか。

玉子は小侍従などと共に世野谷（宮津市）から山を越えて味土野に入ったと伝わるが、宮津から日置まで舟で渡り、日置から陸路を取り、駒倉に入り山越えをしたという説が、現在宮津では語られ初めている。古代以来舟運がよく発達し、天正八、九年ごろには宮津城ができ、城下町の整備がなされ始めていたであろうから、宮津城から舟で日置まで渡って、そこから陸路で味土野に至ったという説のほうが、宮津の地形や産業の発展から見て説得的であろうと考える。味土野は今では人家もほとんどない陸の孤島のような山里であるが、玉子の幽閉されたころには、人家も多少はあり、宮津からの交通ルートも間人《たいざ》街道など複数存在したのであろう。

味土野を選んだ理由

それでは、玉子はなぜ味土野に幽閉されたのであろうか。味土野がある竹野郡は一色氏の知行地に入っていた。細川領ではなかったので、玉子を離婚し、追放するという形式には適した山里だったのであろう。もう一点注目されるのは、『明智軍記』に、味土野には明智家の茶屋があったとの記述があることである。明智光秀は細川氏の上司として丹波・丹後平定に協力した間柄であるから、明智家の所領が点としてここにあったとしてもおかしくはない。ここが明智家の所領であったとすれば、玉子は離別されて実家の所領に帰されたことに、形の上ではなるからである。宮津から遠くはなく、一色氏の知行地内で、一色氏の動きも監視でき、明智家の茶屋があったことで、離別の名目も立つ、格好の場所がここ味土野であったと思う。

付き従った人々

玉子は離婚されて味土野に幽閉された。この時玉子に付き従った人々の名が判明する。前述のように、『細川家記』には「一色宗右衛門」と「小侍従」であったと書かれ、『明智軍記』によると「池田兵衛、一式宗右衛門、窪田次左衛門」であり、この三人は

「坂本より付来りける」人々であったとする。忠興家臣米田是政の家に伝わる記録では、「小侍従」と「河喜多一成、池田六兵衛、一色宗右衛門、久保田治左衛門」と、米田の家人木崎大炊とその妻、小川権六であったとする。米田是政の妻は光秀の妻の姪であったという。そのため米田家は家人を付けて玉子の不自由を緩和しようとしたのであろう。つまり味土野に付き従った男女の家臣の多くは、玉子の婚姻時に玉子に付いて青龍寺城に来て、次いで宮津城で細川家家臣として仕えていた人々であったことがわかる。しかしここに至って玉子が離婚されたので、細川家からは形の上で「浪人」として追放したことにして、味土野へと玉子の警護のために送ったのであろう。一色宗右衛門が後、この玉子幽閉時の奉公によって細川家から恩賞を下されたとあることから、実質上は細川家家臣、形式上は浪人として、数人の、もと明智家家臣の男女が味土野へ派遣されたと考えられる。

小侍従のこと

小侍従は明智光秀が玉子に付けた侍女である。この人もおそらく玉子の婚姻時に細川家にやってきて、引き続き玉子付きの女房となり、味土野に付き従った人であったと考える。『細川家記』によれば、後忠興の仰せで、松本因幡の妻となり、因幡の死後尼となって妙寿と呼ばれたとある。

呼子鳥

味土野に行ったのは玉子と小侍従、それに一色宗右衛門らの男性家臣であったことを、諸書は伝えている。ということは、玉子の産んだ子供、長と忠隆は宮津城に残っていたと推測できる。四歳の長、三歳の忠隆にとっても、子供と引き離された玉子にとっても、つらい時代が到来した。

身をかくす　里は吉野の奥ながら　花なき峰に呼子鳥《よぶこどり》なく

この歌はこの時代の玉子が詠んだ歌であると言われる。人里離れた味土野は、身を隠すのに格好の地ではあるが、「花」に喩えられる喜びや楽しさはない地である。それは子供達と離ればなれになっているからであり、目に入るのは山の峰ばかりで、そこでは、カッコウのように、人を呼ぶように鳴く鳥の声ばかりがすると、子供たちとの別離のつらさを詠った和歌である。

細川家の受けた衝撃

明智光秀は信長を本能寺で討った時、細川藤孝や筒井順慶が味方してくれるものと期待したことは、前章でも述べた。この期待に対して細川家ではどのように対応したのか、『細川家記』の記述を読むことで明らかにしてみたい。

六月二日の信長の死を愛宕下坊の孝朝僧正よりの飛脚で知った藤孝・忠興父子は、「御仰天御愁傷甚（だし）く」父子共に「剃髪」成されたとするが、実際には藤孝のみが剃髪したと考えられる。そこへ光秀から沼田光友を使いとして「信長は我に度々面目を失わせ、我儘の振る舞いがあったので、父子共に討ち亡ばし、積欝を散じた、すぐに上洛されて、今後の計略をなされたい、摂津は闕国なので先ず知行されたい」と言ってきた。光秀は細川氏を誘ったが、摂津には信長が与えた知行主がいないことだけを述べており、それ以外の国の現状変更に思いを致していないことがわかる。信長は討ったが、信長臣下の知行地に関しては、現状の支配関係を大きく変更しようと考えていたかどうか疑問である。主君信長への怨みを晴らすことだけが、光秀の目標であったように受け取れる。

藤孝は光秀に同心せず、忠興は憤怒の余り、沼田を殺そうといったが、藤孝がこれを留め、光秀の元に帰したので、のち沼田は藤孝に頼って細川家の家臣となり、長岡権之助直次と名を改めたことは前述した。

一色氏の動きと細川家

丹後では細川家の丹後入部を快く思っていなかった一色義定（義有）と矢野光長が、光秀に加担する動きを見せた。忠興はこの状況を見て、一色・矢野方の城二つを攻めたと、秀吉と摂津にいる信孝・丹羽長秀に注進している。

一色方は次第に弓木城だけに追いつめられるようになった。そのころ再び光秀から書が来て、藤孝父子を招いた。それでも細川家は光秀に同意せず、松井は光秀の重臣明智左馬助に書を送って義絶している。こうして細川主従の決意は固まった。

忠興と米田の反対

玉子が離別され、味土野にやられたのは、二度目に明智光秀から書状が来た時であると『細川家記』は述べる。忠興は玉子に向かって「御身の父光秀は、主君（信長）の敵なれば、同室叶ふへからす」と述べ、一色と小侍従を付けて味土野に遣わしたとする。別の書では忠興は玉子についてこのとき「かかる無道之者の子を妻とし難し」と述べたとも言われる。これに対して光秀の妻の姪を妻としていた細川家家臣米田是政が、「光秀逆意以前の御縁組であるから、そこまで知っていたわけではなく、この上はいよいよ自己の道を守っていくより他ありません」と言っており、米田は忠興より大人の判断を下しているように思える。

忠興の言から考えれば、若い忠興は主従制を重視してこれを採用し、夫婦の縁は捨てたことがわかる。信長の命でなされた婚姻でもあったことが、この夫婦の結びつきを壊す要因になっていたことになる。主君の命じた婚姻は、信長時代多数にのぼることを前述した。織田信澄も光秀の婿であることを疑われ自害に追い込まれた。夫婦の結びつきは主従制の前には脆弱な規範になりつつあったことが知られる。

玉子の剃髪

玉子は忠興の言を聞くと、「此上ハ」と述べて髪を切ったところ、小侍従も同じく剃髪したという。しかしのち玉子は復縁しており、小侍従ものち婚姻しているので、髪を短くするという形だけの剃髪で、仏門に入って尼になったわけではなかったことになる。

ところで、この頃のことであろうかとして、『細川家記』は玉子が光秀に恨み言を述べたというエピソードを載せている。玉子は光秀に対し「腹黒なる御心故に、自らも忠興に捨てられ、幽なる有様なり」と恨んだという。別の俗書には、この消息を読んで、光秀は大きく嘆息をついて「あきれられた」と述べている。しかし六月二日以来、苦しい戦いを続けている光秀のもとに、玉子からの便りが届いたかどうか、疑問である。細川家が主君も家臣もこぞって明智家と絶縁したあとの離婚であるから、玉子が便りを仮に出したとしても、光秀のもとに届いたとは考えにくい。おそらくは、近世になってから儒教的貞女観で玉子をとらえるようになって以後に、付け加えられたエピソードであろう。

細川方の犠牲

本能寺の変が丹後に伝わると、元々丹後に蟠踞していた国人たちは、旧領回復の期待をもって、光秀に呼応して、細川氏に対抗して合戦に及んだので、米田、有吉、松井などの細川家家臣たちは奮戦する。その過程で、長岡直次は佐野常次らの攻撃を受けて切腹している。秀吉の山崎合戦に細川家から遣わされて参戦した米田是澄も討死している。細川家は秀吉に味方し、結果的には勝利を収めたが、丹後での国人領主たちの反撃や、山崎合戦への参戦で、蒙った犠牲も大きかったことがわかる。

4　細川家の見る光秀の逆意の真相

『細川家記』の語る乱の原因

本能寺の変に至る過程で信長と光秀・藤孝の間にどのような意見の食い違いがあったかについては前述した。前章では事実をもとに、変の原因について考察したつもりである。ここでは、『細川家記』が乱の原因をどう分析しているのかを見てみることにする。

光秀への辱め

「光秀の逆意の濫觴」として真っ先にあげるのは、次の辱めである。稲葉一鉄の家臣であった斎藤利三を光秀が召し抱えた時に、信長は諸大名の前で光秀を捕らえ、柱にあてて頭をつついたり、握り拳で頬を打擲し、光秀は鼻血を流した。諸人の面前で甚だ面目を失ったことを光秀は恨んだという。その直後に信長は右大臣に、光秀も丹波一国と近江の内を合わせて三十七万石ほどの大名になったのに、このような振る舞いは「無礼至極也」と「諸人これを評し候と也」と『細川家記』には記される。光秀が信長の辱めに怨みをもったのはもちろんであろう。これを見た諸大名・諸人が信長の行為に「無礼至極」と感じた点も重視したい。

現代の我々は、「鼻血くらいで」と軽く考えるかもしれないが、中世の人々の受取り方は異なっていた。なぜなら、出血することは、古代以来不吉なこととして、忌み嫌われたからである。自然に出血する場合、例えば女性の生理や出産についても同様に考えられたので、女性は出産時、普段住んでいるところとは別に、上層階級は「お産所」を設定し、村落に住む女性たちは「産小屋」を村はずれなどに設営されて、そこで子供を産むことを要請されたのである。

したがって光秀に対する信長の辱めは、大名光秀に出血させた点においても、「無礼至極」であると、信長は非難されたと考える。

家康饗応

光秀逆意の理由の第二は、天正十年五月の家康饗応時の信長の態度にあったと『細川家記』は見ている。家康が安土に来たとき、道や橋まで修理させ、信長は光秀を饗応役に決めている。光秀は「膳具器物等」に至るまで善美を尽くして饗応の準備に余念がなかった。このことを森蘭丸が信長に訴えたところ、信長は「どう聞かれたのであろうか」(『細川家記』)、このことが信長の心に叶わなかった。ちょうどそのころ秀吉が中国から加勢を乞うてきたので、光秀をその人数に入れ、馳走役を織田信包に交代させた。光秀はこれを怒り、調え置いていた「饗膳器具雑財迄」打ち砕いて湖水に沈めたという。『信長公記』にも、光秀が堺まで出かけて準備に当たったことが記されていた。光秀は誠心誠意饗応役を務めるために努力していたのであろう。突然の交代は光秀の努力を無にする行為であり、信長の家臣への配慮のなさが浮かび上がる。

光秀側から信長への反発がどのように形成されたかは前章で述べた。これに対して『細川家記』は、光秀の逆意が募った理由を、信長への怨みが重なったためと判断したのだが、信長にも家臣への配慮のなさがあり、それが家臣に怨みを生じさせた原因であるとの見方をしていることがわかる。

玉子を守った細川家

光秀をはじめ明智一族と重臣たちは、本能寺の変後十日余りで姿を消した。玉子だけが生き残ったのであり、この点から見ると、細川藤孝・忠興は、玉子を離別し、味土野に幽閉することで、その身を守ったと云える。

明智光秀は山科勧修寺の藪で力尽きて自刃し、斎藤利三ら家臣や明智一族もそれぞれ討たれたり自刃したりしてこの世を去った。明智光秀と正室煕子、その実家妻木氏の墓は、近江大津坂本の西教寺にある。光秀の大きな墓と、煕子の小さな五輪塔は、本堂横に琵琶湖の方を向いて並んでおり、側に芭蕉の句碑もある。信長が焼き討ちした比叡山、その後この地を与えられた光秀は、坂本の町や寺社の再興に努力した。光秀が寺に寄進して修造したことを示す棟木が寺には残っているという。坂本の天台宗真盛派本山西教寺に明智一族の墓があることは、その証であると考える。

一色氏の謀殺

本能寺の変は丹後の国人衆に、光秀に味方して、細川氏の支配を排除しようと考えるものを生み出した。一色氏や矢野氏がそれにあたる。その一色氏には、藤孝の長女伊也が妻となっていたから、一色氏は細川氏を全く敵視していたわけではない。そのため天正十年九月、一色義定（義有）は宮津城での饗応に招かれた時、謀殺されるという悲劇に遭う。義定は家老日置主殿助など家臣をつれてきていたが、細川家主従の謀につかまり、命を失い弓木城を細川氏に奪われたのである。

義定の妻伊也はこの後忠興と対面したとき、脇差を抜いて斬りかかったと言われる。一色義定の妻

明智光秀（右）と熙子（左）の墓（大津市・西教寺境内）

芭蕉の句碑（西教寺境内）

としての「義」を貫こうとした女性だったのであろう。伊也はその後吉田社祠官吉田（卜部）兼治に再婚し、多数の子を産んだとされる。義定と伊也の長子「五郎」は剃髪して愛宕神社の福寿院の住侶となり、幸能法印といったが、二十五歳で没したという。一色氏の滅亡は、本能寺の変の地方への波及とみられる事件である。

おこほ生まれる

天正十年十月忠興の側室お藤は女子「おこほ」を産んでいる。おこほは後に家臣松井興長の妻になっている。

おこほの生まれたのは天正十年十月であるから、本能寺の変（六月）以前にお藤は忠興側室になっていたことになる。玉子にとっては本能寺の変での光秀の行動で気が動転したであろうに、それに加えて不愉快な事態が生じたと感じられたことであろう。

父の謀叛の影響で、味土野幽閉という運命を甘受しなければならなかった玉子のつらさが、後世の我々の胸をしめつける。しかしその背景を丹念に見てみると、細川家の玉子をかばおうとした意図や、忠興の妹伊也の苦しい立場、そして明智旧臣や細川家家臣の情勢判断など、様々な側面が明らかになってきた。

第七章　秀吉時代の玉子と忠興

1　離別された玉子

清須会議後の宛行状

山崎合戦で秀吉は光秀方を破り、光秀主従を亡ぼしたあと、六月十八日には清須に信雄・信孝・柴田・羽柴・池田・丹羽が会して信長後継者を決定する清須会議を開くという、電光石火の事後処理を行う。秀吉はこの清須会議の主導権を獲得し、秀吉の推す三法師（信長の嫡男信忠の子）が、織田家の継承者と決まった。三法師はこの年わずか三歳である。そして諸将の領地割りがこの時決定する。この清須会議での了解に基づいてであろう、秀吉から細川忠興に対して丹後国の宛行状が発給される。この書状を左に掲げる。

丹後国任御朱印旨一円可有御知行処、明智申掠丹波手寄ニ致二ヶ所之城所々知行雖仕候、今度被対公儀無比類御覚悟存候条、彼押領分、同家来当知行幷矢野分共我等聞分申候条、為新知一職可有御知行候、但松井弥人数持候様、右之内三分一可被遣事尤ニより、為其壱紙如是候、恐々謹言

七月十一日　　羽柴筑前守

秀吉

長岡与一郎殿

御宿所

秀吉は丹後国を一円に忠興に与えた。藤孝は光秀の謀叛を知って剃髪したので、細川家当主は忠興に交代していた。その忠興に対して、「公儀」に対して比類無き覚悟を示したと、秀吉方に参戦したことを褒め、明智の分、細川家の家来分、それにかつては一色氏の家臣であったが、この直前に細川氏が手に入れた矢野氏の所領も含めて、「一職」として安堵したのである。

秀吉はまだこの段階では、新たな知行宛行の基準は定めてはおらず、信長時代の「一職支配」を踏襲していたことがわかる。しかし秀吉はいち早く「公儀」への奉公により丹後の一職支配を認めるという論理を構築していることがわかる。山崎城に居て、越前の柴田との対決を予測している秀吉にとって、宮津の細川忠興が秀吉に加担したことの意義は大きかった。

公儀としての秀吉

忠興は八月には上洛し、秀吉に対面し、次いで安土の三法師、信雄、岐阜の信孝に会っている。こ

うして忠興は三法師を担ぐ秀吉への接近を表明したのである。しかしまだこのころは、織田家を主家と仰ぐ姿勢は崩していなかった。織田家の筆頭家老としての秀吉に同調していたと思われる。

一色謀殺、丹後平定

丹後での不穏な動きを秀吉から聞いた（『細川家記』）忠興は、急ぎ帰国して、九月八日一色義定（義有）を饗応の席に呼んで謀殺する。こうして秀吉の承認を背景に、忠興は丹後国内を平定し、名実共に秀吉配下の丹後国主となった。一色の家臣のうち、稲富などは細川氏に召し抱えられた。

一族が分散居住

隠居した藤孝は、田辺城（舞鶴市）を隠居所として移って行った。藤孝は慶長五年に家康に従って忠興が東国に参陣するまで、田辺城に居り、この参陣によって宮津城に入っている。

天正十一年（一五八三）忠興は宮津城に玉子の二人の子供たちや側室（お藤）その子おこほと共に居り、幽斎（藤孝）は田辺城にいて、忠興の弟興元は峰山城代として峰山におり、松井康之は久美浜城代とされていた。こうして丹後では山城青龍寺城時代とは異なり、領国を得た代わりに、一族家臣は分散して暮らすという形態に変化している。

2　味土野の玉子といと

玉子は味土野で寂しい思いを募らせていたことであろう。味土野時代の玉子の側にいたのが清原いとである。この人の名をイトとする論考が多いのは、『宇野主水記』に「オイトノカタト申上ラウ」とあるためであるが、主水は漢字以外はすべてカタカナで表記しているので、この人の日本名はひらかなの「いと」であったと考える。いとは、儒者で天正九年に正三位に任じられていた清原枝賢《きよはらしげかた》の次女（一説に三女）であり、清原家は細川家と姻戚関係をもっていたので（忠興の祖母は清原宣賢《のぶかた》の娘であり、この女性は清原業賢、吉田兼右の姉妹である）、おそらくは玉子が輿入れした天正六年ごろから玉子はいとを見知っていたのであろう。いとは侍女として玉子の味土野行きに付き従った。のちいとは天正十三年ごろ細川家の上臈として、玉子の使として男女の供をつれて他家へあいさつに行くほど、上席を占めるようになる。

清原の娘「いと」

吉田家と清原家は右のように養子関係で繋がっており、細川家と清原家、吉田家は、婚姻関係で結ばれていた。忠興の姉「伊也」は、先述のように、天正九年に一色義有の妻となったが、一色氏の滅亡によって、吉田兼治に再婚していたのである。

いとは「小侍従」とは別人

このいとは前出の「小侍従」とは別人であろう。海老沢有道氏は「小侍従」とマリアが同一人物であるとされた（『地方キリシタンの発掘』）が、

「小侍従」は女房名であり、足利将軍家や武士、公家の家にはこの名の女房がいた。「小侍従」は先述のように光秀が婚姻時に玉子に付き添わせた侍女であって、後に松本因幡の妻になり、夫の死後「妙寿尼」と呼ばれたとあるので、独身を通したいととは経歴が異なる。よっていとは玉子が細川家に入って以後知り合った人で、儒家の娘であることから玉子が望んで玉子の侍女となり、次いで味土野に同行したと考えられる。

いとの実家清原家は儒者の家であるので、細川家とは学問を通じて交友関係が築かれていた。それに加えて姻戚でもあったので、いとは玉子の侍女の中では高い地位を保っていたと考えられる。玉子はのち、宣教師から深い儒学の教養を持っていると褒められ驚かれるが、儒学については、いとの薫陶があったのではないかと考える。

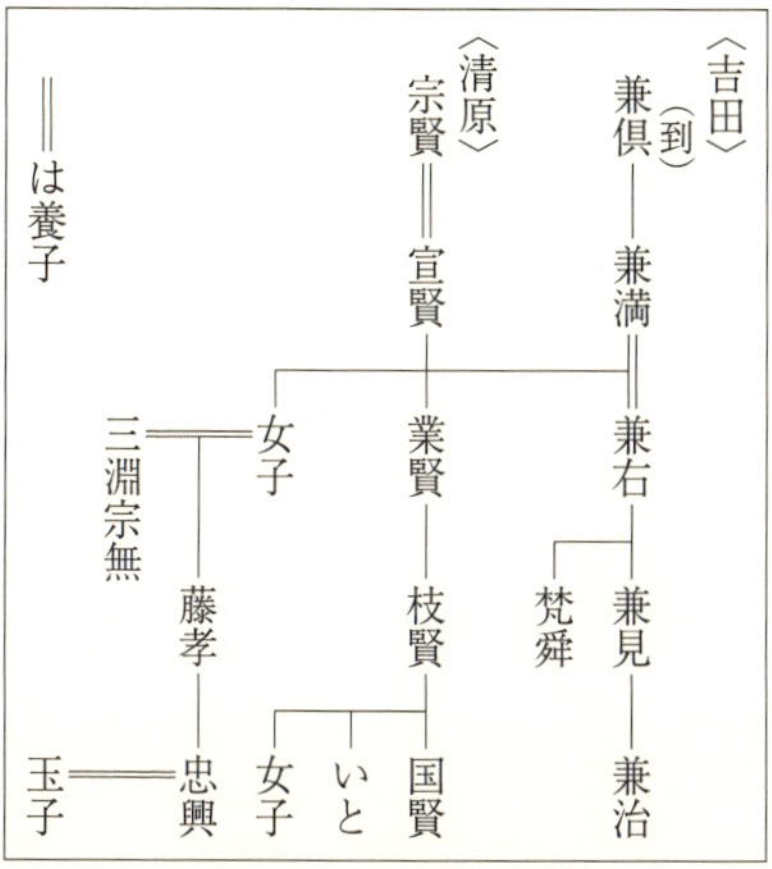

吉田氏と清原氏の系図

清原氏とキリスト教

また清原枝賢は儒家でありながらキリシタンに入信した人（「清原外記」）として知られる。いとについても「十二、三歳のころ、捨て子養育会を手助けした」と言われていることから（片岡留美子『キリシタン時代の女子修道会』）、キリスト教の教えに子供のころから親しんでいたであろうことが推測される。家風としてキリスト教を受け入れた清原家、そこに育ったいとが、儒教と同時にキリシタンとしての生活態度を玉子に伝授していたであろうことは想像できる。

3　儒家清原家

清原家の系譜と家職

清原家とはどのような家であったのだろうか。ここでもう少し清原家について調べてみよう。「清原」と聞くと、平安時代の「清少納言」を思い浮かべるが、清少納言、その父元輔《もとすけ》、その祖父深養父《ふかやぶ》の系統、平安前期の夏野（「日本後紀」「令義解《りょうのぎげ》」の撰述に功の高い人物）の系統とは別系統の、明経道《みょうぎょうどう》を家職とする家で、平安末、鎌倉、室町期に「局務」を世襲の職とした家である。戦国時代の清原家の系譜は次のようになっている。

清原氏系図

宣賢は吉田家から入った養子であった。以後吉田家との関係はより深くなり、兼右が逆に吉田家の養子となっている。いとは枝賢の娘である。いとの兄弟国賢は天文一三年（一五四四）生まれであるので、一五六三年生まれの忠興や玉子とは同じ時代を経験したと思われる。清原氏は国賢の子秀賢の時から舟橋を姓としている。

清原宣賢

宣賢は文明七年（一四七五）吉田兼倶《かねとも》の三男として生まれた。その後清原宗賢の養子となり、清原家の家学である明経道を身に付けた。二十七歳の文亀元年（一五〇一）直講となり、少納言に任じられている。大永元年（一五二一）従三位、六年正三位となり、享禄二年（一五二九）大徳寺で剃髪し、「宗尤」と号した。吉田家をはじめ、公家や僧侶との交友関係は広く、また畠山氏、若狭武田氏など大名家に『中庸章句』、『孟子』、『古文孝経』など儒学を講義したことで名高い。特に、天文十四年、十五年、十七年、十九年と、越前一乗谷において朝倉氏に対し家学である儒学を講義し、天文十九年（一五六〇）一乗谷で没している。朝倉氏との関係は特に密なものがあった。宣賢の墓は福井市の禅林寺にある。

宣賢は実家吉田家の家学である神道についても詳しく、神道説に関する著述や、三条西実隆《さんじょうにしさねたか》の講釈を記した『伊勢物語惟清抄』を著したりしている。大名家の要望があったためか『貞永式目抄』まで書いている、博学な著述家の側面も併せ持つ儒家であった。

清原枝賢の入信

宣賢の孫枝賢は永正十七年（一五二〇）生まれで、天文九年（一五四〇）二十一歳で「明経博士」、永禄二年（一五五九）少納言となり、天正四年（一五七六）従三位、九年（一五八一）正三位に叙せられている。この年致仕し（官職を退き）、剃髪して「道白」と号した。このように清原家の当主は戦国期、官職を退いた時に剃髪していることがわかる。こうして自由な立場で公家、僧侶、武家と交わり、儒学を講じたのである。枝賢は天文初年周防の大内義隆に招聘され、また天文末年には松永久秀に招かれて芥川城などで『大学』『中庸』『古文孝経』などの書を講義している。祖父宣賢と同じような経歴を持った人であったことがわかる。枝賢は親しい吉田家の書を借りて書写するなどして知識を広めている。

特に枝賢は、天文末年松永久秀の要請で、キリシタンに対して論戦を行ったが、その時以来逆にキリシタンの論に強い興味を持ち、高山右近の父飛驒守や結城山城守忠正らと共にキリシタンとなっている。著名な儒者がキリシタンになったことは、当時世間に大きな衝撃を与えたようである。

『フロイス日本史』第一四章には次のように記される。

結城殿と外記殿は、もう一度特に説教を聞き、聴聞した最高至上の教えにまったく満足し、両人は聖なる洗礼を受けるに至った。(中略)結城進斎と(清原)外記殿はキリシタンであり、キリシタンの保護者になったという知らせが市中に弘まると、彼らの驚きは非常なもので、人々が言うとおりだとは、納得できなかった。(中略)結城殿は都においてさっそく妻子や従僕に(キリシタンの)教理の説教を聞かせ、一同は聖なる洗礼を受けるに至ったからである。これら二人の大身をキリシタンに導き給うたデウスの御摂理は偉大であった。(中略)彼らの模範に倣う者が現れ、身分の高い武士や高位、高官の人たちがキリシタンになり始めた。(後略)

右の『日本史』の記述から、結城山城守忠正と、清原外記（枝賢）が、洗礼を受けたことで、キリシタンの信徒が増え始めたことがわかる。当時結城氏や高山右近の父は、三好氏・松永氏に仕えており、松永久秀は法華宗であったので、キリシタンとの宗論《しゅうろん》を結城氏と清原氏に担当させたが、逆に論破され、二人はキリシタンになったようである。この二人の改宗は永禄六年（一五六三）ごろのことと推測できる。しかし清原枝賢は儒者としての本務を捨てたわけではなかったことは、先述の彼の経歴に示されている。

いととキリスト教

宣賢が朝倉氏に儒家として仕えたことは、細川藤孝が義昭家臣として朝倉家を頼った点と繋がりがある。また枝賢が大内氏や松永氏の援助を受け、講義をするために、山口や芥川城に滞在し、また松永氏の要請でキリシタンと論争し、その当人が入信したことは、枝賢の娘いとにとっては大きな刺激になったことであろう。山口や摂津芥川は当時キリシタンが多くなりつつあった地域である。そのためいと自身、キリスト教の教えを身近に見聞きした可能性は大である。枝賢の娘いとが儒学と共にキリスト教の教えを吸収し、キリシタンが社会事業として行う捨て子養育会に関心を持ち、それを手伝ったことは十分に納得できると考える。

いとと玉子

いとはこうして玉子の侍女として味土野に従った。人の行き来の断たれた閉じられた空間としての味土野において、玉子の話し相手を務めるいとの学識や教養が、玉子に大きな影響を与えたとしてもおかしくはない。細川家から派遣された男性家臣は、谷を隔てた向かいの岡にいたから、日常玉子の話し相手になっていたのは小侍従など女性家臣（侍女）たちであったろう。玉子は、味土野幽閉時代に、すでに側室を持ち、子供まで産んでいる忠興との関係、「謀反人の娘」としての自らの境遇、子供たちと別れて住まねばならないつらさなど、諸々の厳しい現実と対峙しなければならなかったのである。

いとはこの後、天正十五年（一五八七）、自らセスペデス神父から洗礼を受け、マリアと呼ばれた。そのことによってパードレの許しのもと、玉子に授洗することになる。このことは後に述べよう（いとに関する研究として、佐野ちひろ「中世後期における女性と信仰――清原マリアについて」がある）。

4 大坂玉造に出来た細川邸

大坂城と城下町

秀吉は信長後継者としての地位を確保すると、京に聚楽第《じゅらくてい》を、大坂に大坂城を建設し始めた。大坂城は天正十一年に工事を始め、翌年には「成就」と『細川家記』にはあるので、第一次工事は完成したものと考えられる。そしてその周囲に大名や直臣の屋敷を造らせた。城下町建設の第一歩である。細川家屋敷は大坂玉造《たまつくり》に作られた。

大坂には本願寺の拠点の城があったので、信長は大軍をもって本願寺・一向宗徒と対決、明智光秀や細川藤孝らがこの合戦に動員されたことは先に述べた。信長死後、秀吉は本願寺と和平し、本願寺を京へ送り返し、大坂を自身の政権の拠点としたのである。

信長時代の天正四年（一五七六）には玉造周辺は「作毛薙捨て」られ、「近辺御放火」という状態で、戦火で焼け落ちていたことがわかる。このような焼け跡に、大坂城が建設し直され、大名屋敷や町場が建設されたのである。

玉造改造

そして天正二十年三月二十三日付北政所おね宛豊臣秀吉朱印状（足守木下家文書）には「二百石玉つくり」とあるので、玉造一帯は、おねへ秀吉から生前譲与された所領の内にあったことがわかる。大坂城のすぐ南の玉造一帯は、秀吉がおねの労をねぎらって九州へ居を移す直前に、おねに譲与したことがわかる。おねはこのとき、大坂城にあって、秀吉の留守を守る役割を担ったからである（詳しくは拙著『北政所おね』参照）。

大坂城跡に建つ再建天守閣（大阪市中央区）

玉造一帯はその後文禄三年（一五九四）秀吉が行った惣構え工事で様相が変化する。天正二十年の石高二百石の内、約四分の一の四八石が堀の外、四分の三の一五二石が堀と堀の内（町場）に改造された。改造直後の文禄四年に、再びおねに給与された玉造は、先高四八石、出米八六石とあるからである。堀の外は現在の天王寺区のかつての玉造村にあたると考えられる。また堀とその中の町場となった部分は、玉造越中町など一四町、玉造上清水町など一七町で、町場の範囲は東が猫間川、西が広小路、北が大坂城と玉造口常番与力同心

細川邸跡に残る「越中井」
（大阪市中央区玉造）

屋敷、南が安堂寺橋筋で囲まれた地域であるとされる。ここには、細川、宇喜多、蜂須賀《はちすか》、前田、鍋島、浅野、片桐氏の屋敷があった。秀吉はこの大名屋敷に「大名たちが妻子と共に住めるように」屋敷を造営させたという（『フロイス日本史』パシオの報告書文禄三年）。

大名屋敷はこのように大坂城の目の前の玉造に多く作られた。のち玉造の大名屋敷は、慶長三年（一五九八）の三ノ丸工事で三ノ丸に取込まれた。つまり、大坂城は秀吉の最晩年、大名屋敷をも包含する大城郭にされたのである。

徳川時代になり、玉造が大改造されるのは、元和五年（一六一九）である。この時の玉造の町数は三四町と言われる。

細川邸跡の「越中井」

豊臣秀吉時代に話を戻すと、浅野幸長《よしなが》邸は現在の玉造紀伊国町にあり、細川忠興邸は玉造越中町にあったと推定されている。忠興邸の井戸がここにある「越中井」であるとされ、この井戸は大阪府史跡に指定されている。したがって現玉造越中町二丁目に細川邸が建設され、忠興と家族、家臣や侍女はここに住んだと思われる。

玉子はといえば、天正十二年に秀吉から忠興との再婚が許されたので、以後は夫と共に丹後宮津城や玉造の細川邸に暮らすこととなった。

玉子は青龍寺時代に長女長を天正七年に出産し、長男忠隆を天正八年に出産していた。天正十年本能寺の変の時、味土野に幽閉された時には、子供たちと離されていたばかりでなく、忠興の側室お藤（郡氏）から女子「おこほ」がこの年に生まれていることも前述した。玉子にとっては、父の謀叛が重大事としてのしかかってきたばかりか、側室の存在も気がかりであったに違いない。

玉子の子供たち

しかし天正十二年に秀吉から忠興との再婚が許されたので、玉子は再び正室の地位を回復し、大坂玉造の細川邸ができて以後、細川邸と丹後宮津城を居所とする生活に変わった。豊臣政権に対する人質の役割を果たすため、大名の正室や子女、重臣は、大坂城下や京都の聚楽第周辺に住むことが義務づけられたためである。玉子の次男与五郎興秋《おきあき》は天正十一年に生まれているが、十四年には三男忠利《ただとし》を産んでいる。忠利は宮津で生まれたことも判明している。

興秋と忠利の誕生

こうした玉子の出産の状況から見ると、次男興秋の誕生が天正十一年であることが気に掛かる。天正十一年誕生とするのは『細川家記』の忠興記であるので、間違いはなかろう。離婚後の味土野幽閉期間中の出産であるから、玉子にとって興秋は特別な子と思えたことであろう。忠隆が前田利家の娘と婚姻をなし、弟の三男忠利が小笠原秀政娘（千代姫）と婚姻したのに比べ、婚姻の記載もなく、系譜については簡単な出生記録に留まっている。興秋は後にキリシタンとなり、ジュアンの名をもらうことになったことが、江戸期に作成された系譜にほとんど記述されていない理由であったのであろう。

いっぽう三男光千代忠利は、再婚が許されてからの天正十四年十月十一日生まれである。生まれた日まで記録されている。玉子の再婚後の地位回復は順調になされ、忠興の正室として、三男を産み、丹後宮津と大坂を行き来する健康な体を取り戻していたことがわかる。天正十二年に玉子は二十二歳、十四年には二十四歳であったことになる。

天正十二年以後の忠興

この間忠興は天正十二年秀吉の小牧・長久手合戦に従軍している。忠興は堀氏と共に四陣を構成し、大垣口から攻めており、忠興や家臣西川与助が高名を挙げた。西川はもと山城西岡の灰方党であると言われる。青龍寺城時代以来家臣化した人であったのであろう。

天正十三年、忠興は秀吉の根来攻めに従軍し、次いで丹後から北国へ舟団を送るよう命じられ、七月に秀吉が関白になると、忠興は従四位下侍従に任じられ、羽柴の姓も与えられている。松井の母に対して、秀吉から山城国八瀬村の十三石が与えられたのも、この年の十一月のことである。

聚楽第を天正十三年八月から十四年に掛けて建設していた秀吉は、天正十四年東山に大仏殿を造立し始める。忠興も石垣づくりを手伝い、秀吉は自ら曳き石に乗って音頭を取ったという。十一月、正親町天皇が譲位し、後陽成《ごようぜい》天皇が即位したので、関白秀吉は豊臣と姓を改めて、若い後陽成天皇の補佐に当たる態勢が出来上がる。忠興も豊臣姓をもらっている。

越中守女房玉子

このように天正十二年に再婚を秀吉から赦され、大坂玉造の細川邸に住むようになったころの玉子の動静がわかる唯一の史料は、『宇野主水記』の天正十三年十月十五日の記事である。この日「細川越中守女房衆」から、本願寺の「北御方様」へ「音信」があったことが記される。つまり玉子は忠興の正室として「女房衆」と呼ばれていることがわかる。玉子は正室の役目である親しい大名家や寺社への贈答を行う立場に地位回復をなしていたことになる。玉子は上﨟「ォイトノカタ」を使いとして本願寺光佐の正室に、「鮭二疋鯛二十枚樽五荷」を贈っている。このとき、玉子の使者を務めた「ォイトノカタ」とは「清外記息女也」の注記があることから、清原いとであることが確定される。いとの他に、供の女房二人と供の殿原二人（内藤一右衛門ともう一人）が付き従っていた。

玉子から本願寺光佐の妻にこのような贈り物がなされたのは、十三年八月に本願寺が貝塚から天満に移ってきたからであった。近所付き合いとして、本願寺の引っ越しから間もなく、細川家は正室玉子が光佐の正室に、鮭などを贈ったものと考えられる。

こうして天正十二年から十四年は、再び平穏な時間を玉子に与えたのであった。

5　「伴天連追放令」

島津氏の人質

天正十五年秀吉は九州平定戦を行う。秀吉自ら薩摩まで出向き、島津氏を屈服させている。五月八日、島津義久は剃髪し、恭順の意を表明したので、彼を許し、薩摩を安堵した。しかしその従属の証として、人質を取る。この人質は義久の娘「菊若」を筆頭として、義弘（義久の弟）の二人の子など島津一族からの人質に加えて、宿老十人ばかりも含まれるという大規模な人質であった。なぜこのときこれほど多くの人質が必要とされたのか、この島津からの人質の全容を知らせる書状が「おね」宛てである理由については、拙著『北政所おね』で述べた。秀吉の、島津氏からの人質について記したおね宛て書状は、五月二十九日付である。

禁制発布

それから二十日後の六月十九日、秀吉は「伴天連追放令」を発布する。ここでいう伴天連とは、キリシタン・キリスト教の意であり、単に宣教師や司祭だけを指してはいない。

この禁制は五箇条からなり、その内容は日本は「神国」であり、キリシタンは「邪法」であるから、大名・給人に対して、領内に「邪法」が弘布されることを禁止する、宣教師は、相手の自由意志に依らず改宗を強要し、「仏法」を破壊したので、国外追放する、というものであった。一方、ポルトガル船の来航は商売のためであるから「許容」し、仏法の妨げをしない限り、キリシタン国からの来航は自由である、という内容である。

この「伴天連追放令」の評価については、信仰と貿易を切り離し、貿易の利を追求した点が注目されてきた。しかし禁令が出されたのが島津氏平定の直後で、秀吉が大坂に帰陣する前、博多滞在中に出されている点から考えて、禁制の主眼点は、平定した大名・給人が領内において秀吉の出した禁制を励行することを求めた点にあったと考える。岩沢愿彦氏や加藤栄一氏は、大名・給人の所領支配権は、「公儀」の支配権に包摂されており、それに従属すべきであるとして、禁教政策の励行を命じたものと捉えている。この見方は当を得ていると思う。

じつは、この「伴天連追放令」が出された前日に、伊勢神宮領に宛てて出された「定」があるという。こちらは十一箇条に及び、「禁教」を手段にして、個別領主権に対する「公儀」支配権の確立をはかったものであるとされる（加藤栄一・山田忠雄編『鎖国』〔『講座日本近世史』2〕）。「伴天連追放令」の冒頭に、日本は神国であると定義した理由は、この法令発布以前から、秀吉は旧勢力たる寺社、特に伊勢神宮を保護し、キリシタンや一向宗徒は排除しようとする意識を強めていたためであると思う。

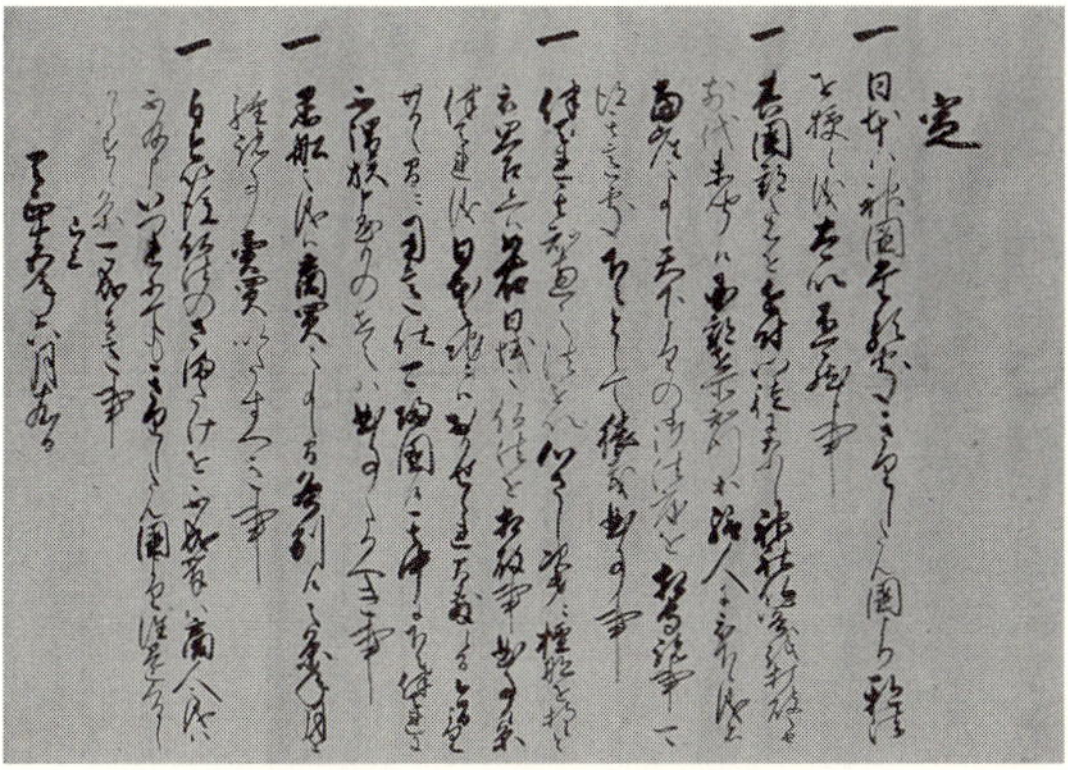

伴天連追放令（松浦史料博物館蔵）

京都の南蛮寺

京都に最初の南蛮寺「永禄寺」が建てられたのは、その名の通り永禄年間である。京都四条坊門姥柳町にあった。この寺の建設に便宜を与えたのは信長で、永禄十二年の信長朱印状にそれが見える。信長は村井貞勝に命じて、建立に便宜をはかり、天正四年（一五七六）南蛮寺は完成した。伝狩野元秀筆「なんばんだうの図」によると、和風三階建ての立派な寺が描かれていることがわかる。この南蛮寺はすぐに都の名所になったようである。

いっぽうカトリックの見方によると、南蛮寺は安土に

扇面に描かれた南蛮寺　狩野宗秀筆「都の南蛮寺図」（神戸市立博物館蔵）

神学校を建てたイエズス会のオルガンチノ神父が、天正四年（一五七六）「聖マリア御上人寺」として献堂したという。おそらく永禄初年にこの地に礼拝堂が建てられたが、キリシタンの増加を快く思わない人々の迫害もあって、老朽化が進み、その修築の必要性が拡大、信長の後援とキリシタンの献金によって、永禄末から天正の初めに京都ではじめての教会（南蛮寺）ができた、というのが実情であったと考える。ガスパル・ヴィレイラ神父の住居はこの近くにあったという。南蛮寺は、京都でのキリシタンの拠点であったことがわかる。

なお、南蛮寺跡の石碑が蛸薬師通室町西入るに立てられており、この寺跡から出土した礎石は同志社大学今出川キャンパスの図書館の前にある。

禁制発布の背景

主君織田信長のキリシタンに対する方針は保護策であり、秀吉も踏襲してきた。その証拠に、秀吉配下に多くのキリシタン大名がおり、大坂城の侍女にもキリシタンがいた。特にこの時代、領民が多数キリシタン化したのは、まず大名がキリシタンとなることによって、領内のキリシタンが増加するという方法がとられたためである。しかし、一向一揆に悩まされた経験も、信長から秀吉に継承されていた。秀吉は本願寺と和解する方針に転換したが、信徒の結束の堅さ、意志の強固さは骨身に染みていたことであろう。天正年間には、武将たちでキリシタンとなる者が急増していたので、秀吉はそれまでのキリシタンに対する寛容な態度を捨て、日本は「神国」であり、「仏法」を守る国であるからとして、キリシタンは「邪法」であると断定、大名・給人という秀吉配下の家臣たちに、この政策を徹底させることを求めたのがこの禁制であったと思う。

また、キリシタン大名大村、有馬両氏が、イエズス会に領地を寄進していたことを知り、島津征討後は長崎を没収して直轄領にしたことにあらわれている領土問題も、秀吉の脳裡には禁制発布の理由として強く意識されたことであろう。

この禁制が天正十五年六月十九日に出された背景には、さらに一つの理由があると思う。それは、人身売買に関する秀吉の関心の強さである。天正十四年島津氏は豊後に侵攻し、人々を捉え、肥後にこの人々を転売した。人身売買を許さないことを教えの重要な柱にしている「イエズス会」は、「正当な理由による奴隷などあり得ない」としてこの解放に努力する。秀吉はこの趣旨には賛成であったが、ポルトガル人が日本人の奴隷売買を禁止しなかったことを重視した。これを「伴天連追放令」で伴天連を追放する理由の中に挙げていることからこのことは判明する。日本人が海外で奴隷として売買されている現実は、秀吉を動かし、この「伴天連追放令」で、宣教師を国外に追放する大きな理由となると見なされたのである。

禁制の影響

こうして天正十五年五月から六月にかけて、九州は秀吉の配下に収まり、キリシタンにとっては冬の時代の始まりを迎えた。京都の南蛮寺は、この「伴天連追放令」によって関西地域、肥前の五十三寺と共に破却され、姿を消した。京都に南蛮寺が再建されるのは、慶長五・六年ごろになってからである。慶長年間の聖堂は、一条油小路と堀川の間にあったとされる。「伴天連追放令」の影響は大きかったことになる。

『フロイス日本史』はこの追放令発布の事情を次のように解釈している。この禁制は秀吉が博多から大坂に「出発するに先立って」出したものであり、大坂城にいるキリシタンの婦人たち（侍女たち）を秀吉は信用していないので、彼女たちを「追放するようにと大坂に伝えさせた」（『フロイス日本史』18章）と。つまり、秀吉はこの禁制で、ヨーロッパ人の伴天連と伊留満だけではなく、日本人伊留満の追放を実行し始めたことになる。

禁制のねらい

次いで「フロイス」書簡が明らかにするのは、禁制発布の当日、ポルトガル船の総司令官が立派な贈物を携えて関白秀吉を訪問したその後のできごとである。その日に、何の予告もなく秀吉は「キリシタンの最大の支柱から（攻撃を）開始した」という。つまり同日の夜、高山右近の追放を命じたのである（『フロイス日本史』一六章）。当時九州の有馬では「住民の大部分はキリシタンであった」という。信徒が急速に拡大していることを九州に来て目の当たりにした秀吉は、この信徒の拡大に恐れをなしたのであろう。秀吉は、大名・給人に禁制を徹底させることで、豊臣政権への忠節度を測ろうとしたと考えられる。

日本人を奴隷として売買していた事実について、フロイスは秀吉が「ポルトガル人、シャム人、カンボジア人らが、多数の日本人を購入し、彼らからその祖国、両親、子供、友人を剝奪し、奴隷として彼らの諸国へ連行していることも知っている」と述べていることを引用し、それに続けて「汝、伴天連は、現在までにインド、その他遠隔の地に売られて行ったすべての日本人をふたたび日本に連れ戻すよう取り計らわれよ、もしそれが遠隔の地のゆえに不可能であるならば、少なくとも現在ポルトガル人らが購入している人々を放免せよ、予（秀吉）はそれに費やした銀子を支払うであろう」と述べたとしている。秀吉が海外に奴隷として売られた日本人の救出を真剣に意図していたのか、コェリュの観察通り「虚偽」なのか、判別することはできない。しかし日本人の人身売買が横行していた現実があり、その事実をキリシタン禁令発布の重要な根拠としていたことは事実である。

コェリュは、「日本人の売買は、格別の厳罰をもって禁じていただきたい」と秀吉の要望の趣旨に賛同し、「この忌むべき行為の濫用は、下《しも》の九カ国においてのみ弘まったもので、五畿内や坂東地方では見られぬことである」と、九州に限定してなされていることであったとしている。そして「もっとも肝要なのは、外国船が貿易のために来航する港の殿たちが、厳重にそれを禁止せねばならぬという点である」と述べている。コェリュの返答は、日本の港での管理が必要とする正当なものであるが、既に売られた日本人をどう処遇しようとするのかについて述べられていない。関白対宣教師という立場の違いにもよるのであろう。

追放令と「定」の関係

そしてこの「伴天連追放令」の発布について『フロイス日本史』の訳者松田毅一・川崎桃太氏は六月十八日令は信憑性に欠けるので、この日には特異な事件はなかったとし、翌十九日に秀吉は早暁神谷宗湛《かみやそうたん》、島井宗室《しまいそうしつ》を箱崎の陣所の茶室に招いて茶会を催し、次いでポルトガル船の総司令モンテイロを引見したあと、高山右近を追放に処し、「伴天連追放令」を発令し、夜中にフスタ船にいたコエリュらの元へ使者を送って詰問、同じ夜中に家臣たちに対しキリシタンを痛罵、六月二十日、関白の使者がコエリュらに「追放令」を手渡した、としている(『フロイス日本史』一六注二三)。

十九日の追放令が出された背景については、『フロイス日本史』の述べるキリシタン側の様相が、その禁令のもたらした衝撃の大きさをよく示していると思う。しかし松田氏・川崎氏が前日十八日の伊勢神宮領に出された「定」を信憑性に欠けると見たのは誤りであろう。キリシタン禁令は、秀吉の寺社政策の一環としても出されたものであると思う。

6　玉子の改宗

忠興、九州へ出陣

秀吉の九州征伐に多くの大名が動員されたが、細川忠興も例外ではなかった。天正十五年三月、秀吉は「西征」のため京を出立したが、忠興はその先手を務めることとなり、四月、丹波少将秀勝を大将に、細川忠興、蒲生氏郷、前田利家などが先駆けを仰せ付けられ、馬廻四万騎を召し連れて大軍が九州に渡り、豊前や筑紫で合戦が始まった（『細川家記』）。忠興が家臣を連れて九州に在陣していた天正十五年、玉造の細川邸にいた正室玉子は、思い切った行動に出る。玉子は教会を訪れるのである。この詳細について検討しておこう。

玉子の教会訪問

天正十五年初め頃の細川家について、『フロイス日本史』は次のように記述している（『フロイス日本史』六二章、一〇六章）。

忠興と玉子はこの年「二十四、五歳」で、藤孝はキリシタンの教えに反対の立場を取っており、禅宗に励むことを信心の務めとしていた。玉子は「繊細な才能と天稟の知識において超人的」であり、「他の誰よりも一段と秀でており、師匠のそのまた師匠でありうるほどであった」と述べられていることから見て、細川藤孝同様仏教徒として模範的な武家女性であったことがわかる。

玉子の疑問と躊躇

玉子は「いとも品位があり、才幹に恵まれた」領主夫人であったが、心の中には仏教の教えに対する「躊躇」や「疑問」が次々と生じていたので、「彼女の霊魂は深い疑惑と暗闇に陥っていた」という。

この疑問や躊躇とは、玉子は正室の座にいたが、忠興には側室が置かれ、女子まで生まれていたことにあったと思う。それに加えて本能寺の変以来の運命の激変に対して、心安らぐ教えを仏教に見つけ出せなかった点もあったであろう。

秀吉が大坂城と城下の整備に着手して以後、秀吉家臣の邸宅が大坂城内やその周辺に数多く設けられ、細川邸は玉造に屋敷があったことは前述した。この屋敷に大名の妻子は豊臣政権に対する「人質」として置かれたのである。フロイスもこの状況を「関白殿が、諸国の君主や領主を人質のように手もとに留め置こうとして、彼らに妻子家族を伴って大坂の政庁に居住せよと命じた」と表現している。

『フロイス日本史』の忠興評

ところが忠興について『フロイス日本史』は厳しい書き方をしており、「過度の嫉妬」心を持つ忠興は、「極端な幽閉と監禁」を行い、二人の家臣に昼夜不断に妻の監視を義務づけ、家に出入りする者を記録させ、侍女たちには奥担当とそれ以外の邸内担当に区別して、家中に掟を定め、守らせていたという。

『フロイス日本史』の忠興評は、ガラシャ玉子の入信という事実を輝かせるためか、極度に厳しい。幽閉と監禁は、他家では見られない細川家独自の状況であったと思うが、男性家臣に正室の行動を注視させたり、侍女の役割分担を決めていたり、家ごとに掟を定めていたりすることは、普遍的に存在したと考えられる。細川邸が『フロイス日本史』の記述通りであったとすると、玉子が再婚を秀吉から許されたとしても、細川家では依然として味土野時代に匹敵するほどの「幽閉」と「監禁」状態を継続していたことになる。つまり、玉子は丹後大坂間を移動する以外、邸宅外に出ることは、夫から禁じられていたことになる。

彼岸の風習を利用

『フロイス日本史』によると、「夫が関白に従って下《しも》（九州）の戦争に旅立った」天正十五年の秀吉の九州征伐の間に、玉子は「またとない（好）機会」を手にする。玉子は信頼する数人の侍女に希望を打ち明け、監視していた「番人」に気付かれることなくキリシタンの教会に説教を聞きに行く方法はないか、と相談する。

たまたまこの時は日本の彼岸に当たり、日本の人々は「寺院へ説教を聞きに行ったり貧者に施しを行ったり」する習慣があったという。現在は彼岸に墓参りをする風習としてこれは継続されているから、玉子たちはこの彼岸の風習を利用することにしたのである。玉子の侍女など親しい者六、七名が玉子を取り囲んで、首尾よく邸を出、教会に向かった。この教会は「天満付近にあったはずである」と『フロイス日本史』の注は述べる。

玉子が向かった教会はどこにあったのだろうか。現在大阪のキリスト教会のうち玉造付近にある教会は、「カトリック大坂梅田教会桜宮聖堂（都島区中野町四丁目）、「日本キリスト教団天満教会」（北区天神西町）、それに「大阪カテドラル聖マリア大聖堂」（中央区玉造）であるが、いずれも創建は新しい。その上「聖マリア大聖堂」は玉造の細川邸跡に建てられた聖堂であるから、ここに当時教会があったとは考えられない。玉子が初めて出かけて感銘を受けた教会の所在地は不明とするほかなかろう。

教会での玉子

教会では、その日は復活祭に当たっていた。玉子はまず救世主の肖像画や室内装飾、祭壇の様子などを眺めて満足し、特別な造りの立派で清潔な別室に入れられると、そこからの眺望や、別室に入れられたことを喜んだという。

この教会で、コスメ修道士が説教をし、玉子たちはそれを聞くことになった。コスメ修道士は玉子について「実に繊細な頭脳の持主であった」ので「自分が聴聞した話に関して生じて来る疑問をかずかずの質問によって解決したいという願望（が果たされぬ）こと」と「時間がない」という悩みに直面する。そこで玉子は「多くの質問を修道士に持ち出し、さらに霊魂の不滅性、その他の問題について禅宗の幾多の権威をふりかざして反論を試みた」ので「修道士は彼女の（頭脳の）敏活さに驚いて、後ほど、自分は過去十八年の間、これほど明晰かつ果敢な判断ができる日本の女と話したことはなかった、と漏らしたくらいであった」とする。

かなり教会で待ってから、遅く帰ってきたコスメ修道士の説教を聞いた玉子は、矢継ぎ早に質問をしたようである。この質問の内容は、自身が身に付けていた「禅宗」（『フロイス日本史』）の教義や儒学の教えからの質問であったと考える。その質問の様子や内容に、コスメ修道士は驚き、今までに会った日本の女性のうち、最も「明晰かつ果敢な判断ができる」女性だと、最大級の賛辞を与えたのである。

玉子の希望

次に玉子はさらに一歩進んだ要望を述べる。それは、「洗礼を授けてほしい」と願い、次には、聞けなかった残りの説教が台本とされていた「教理本」を拝借し、それを学びたいというのである。しかしこの踏み込んだ願いは、時刻が夜になっていたこと、教会側が彼女を関白秀吉の側室ではないかと疑ったことなどによって、叶えられず、その日は玉子は細川邸に帰っている。玉子を尾行させたことによって、教会側は初めてこの女性が「細川越中殿」忠興の「奥方」であることを知るのである。

玉子の洗礼を受けたいという望みは、清原いとがまず洗礼を受け、そのいとから玉子が洗礼を受けるという方法で行われることになる。

清原いとの人となり

清原いとについては先述したが、この洗礼を受けたころの記述として、いとは「（細川）家の家事いっさいを司って」いる侍女頭であったこと、「（奥方）の親戚にあたり」「清原外記殿という内裏の師傅を務めた一公家の娘」であったとしているので、先述したいとに関する考察と一致することがわかる。天正十三年十月十五日の本願寺光佐の正室訪問においても、いとは玉子の「上﨟」女房（上級女房）を務めていたことを見た。いとについて『フロイス日本史』は、「知識においても（奥方）にほとんど劣りはしなかった」と述べることから見て、いと自身は清原家の娘として、豊富な儒学の知識を身につけていたと同時に、父枝賢からキリシタンの教えがどのようなものか聞き知っていたという優れた知識階級の女性であったことが読み取れる。

玉子の積極的行動

玉子の外出とその後のいとの洗礼（これによっていとは「清原マリア」と呼ばれる）を機に、玉子は侍女たちを次々理由を付けて外出させ、教会で説教を聞かせ、洗礼を受けさせた。その数は忠興不在中に十六名に及んだ。そうすると、今度は玉子は侍女たちが洗礼を受けられたことに対する羨望の念を募らせたという。玉子は自分の乳母で京都に住んでいた女性をも、禅宗からキリシタンへと改宗させている。

玉子はまた細川家の男性家臣のうち、「小笠原少斎」と思われる浄土宗に帰依している家臣をも改宗させている。そしてその妻も説教を聞きに行き、キリシタンになり、「アガタ」という教名をもらっているという。

侍女や家臣の改宗が順調に進むいっぽう、玉子自身は書物を通じてキリシタンへの理解を深めていった。玉子が借用したのは「コンテムッス・ムンジ」（キリストに倣いて）である。この書は一五九六年の天草版、一六一〇年の京都版があるとされる。玉子はこの書が邦訳され始めたごく初期に、前者のこの書に出会ったのであろう。玉子はこの書を「片時も」「放そうとせず」、疑問を書き留めてマリアに教会へもたせ、回答を持って帰らせる、という方法でこの書を読み込んだ。玉子はまた達筆で、後に他の多くの霊的な書物を日本語に翻訳するまでに至ったとされる。

内面の変化とガラシャの誕生

「学ぶことにはきわめて執着心が強」いと言われる玉子であったが、その他の面でも玉子に変化が訪れている。玉子は「家庭的にきわめて打ち解けた女性」となったという。玉子に柔和な側面が復活したのであろう。そして神学校の少年や司祭のためにおびただしい贈り物をしたようである。

こうした玉子自身の変化によって、「洗礼を受けたい」という玉子の望みはいよいよ募った。玉子は無謀な方法で外出することも考えたようであるが、側近の者たちに留められ、そこで、マリアに洗礼の授け方などを教え、自邸の部屋の中でマリアから洗礼を受けるというかたちで洗礼を受ける。そして「ガラシャ」の教名が授けられた。こうして「新たな改宗方法で授洗」した貴婦人「丹後国主の奥方」（『フロイス日本史』二〇章）ガラシャが誕生したのである。

授洗後のガラシャは、丹後に立派な教会を建て、そこで住民の「大改宗」を企てる決心を固めたという。

内面においても玉子に変化が生じている。キリシタンになる前は「たびたび欝病に悩まされ、時には一日中室内に閉じ籠もって外出せず、自分の子供の顔さえ見ようとせぬことさえあった」という状態で、自ら招いたことではない外界の理不尽な圧力に打ちひしがれたかたちであったことがわかる。それがキリシタンを理解してからは、「（顔に）喜びを湛え、家人に対しても快活さを示し」、「怒りやすかったのが忍耐強く、かつ人格者となり、気位が高かったのが謙虚で温順」となっている。玉子の性格は百八十度大転換を遂げたことがわかる。玉子の「異常な変貌」に側近の者たちも驚くほどであったという。

玉子に洗礼を授けるという大役を果したマリア（清原いと）は、玉子からの信頼に応え、自らの信仰を守って貞潔に生きるために、「剃髪」をしたのである。

玉子は大坂の細川邸において、教会へ行き、キリスト教の教えに接して、理解を深め、自らの生き方の指針を見付けるという精神的大転換をも遂げていたのである。

ガラシャの変化を知る忠興

天正十五年、忠興の留守中に、玉子は自宅で、授洗したマリアから洗礼を受けるという「新たな改宗方法で授洗」し、キリシタンになった。その後忠興と玉子の夫婦の間にはどのような事態が生じたのであろうか。

天正十六年正月十九日細川幽斎邸に秀吉が御成になり、この時忠興にも贈り物があった。四月十四日の聚楽第への後陽成天皇の行幸に、忠興も供奉している。秀吉は行幸の返礼として、十五日、京中の地子米銀を「禁裏仙洞諸門跡公家」の料と定めている。朝廷・公家・寺社の料所として、京都の地子を提供したのである。六月二日の信長の七回忌には忠興は宮津城下に「信齢山泰厳院」を建立し（信長の法名が総見院殿信齢泰厳大居士であることによる）、天正十五年十月一日の「北野大茶湯」では、忠興も「影向《ようごう》の松」の本に茶屋を構え、「松向庵」と名付けて秀吉に茶を奉ったという。

忠興は右のように公役として課された秀吉の軍役や行幸の供奉などを、忠実に果たしていた。ところが九州の島津征伐から忠興が帰還すると、忠興の性格は一段と悪くなっていたと『フロイス日本史』はいう。忠興が以前より「いっそう残忍で悪辣な異教徒」になった理由は、「暴君（関白）の悪意に影響されて」のことであったが、キリシタンの乳母のごく些細な過ちに対して、鼻と耳を削いだ上で追い出すように命じたという。

こうした状況の中で、夫はガラシャの変化に気付く。そのため玉子（ガラシャ）は「大罪を犯すことなく夫から別れることができるか」つまり離婚を考え始める。そのいっぽうで、都の上京に自宅を持つキリシタン「孫四郎殿」やその妻で丹後のマリイナと呼ばれていた女性と、使者を介して連絡を取り合い、信仰を守っていた。玉子が離婚を考えるに至った要因には、夫がキリシタンの侍女頭ルイザ（マリアとは別人）を罰ぼうとし、そのルイザをガラシャが孫四郎やコスメ修道士の手を借りて安全な場に逃れさせたことなどとも関係していたと思われる。日本の当時の武家社会での一夫一妻多妾制を良いと思わなくなった玉子には、キリシタンの説く「一夫一婦制」が理想の婚姻形態と感じられ、離婚をも視野に入れ始めたのであろう。

こうして天正十六年には忠興玉子夫妻の間では、離婚の危機が生じていた。しかし離婚は実現されずに終わる。天正十六年、玉子は次女「たら」を生む。この女性は成長してのち稲葉一通の妻になり、またキリシタンともなって洗礼名「タリーョ」をもらっている。こうした十六年の様相から見て、玉子はこの年、洗礼後の最初の年を、夫との距離感を感じながらも懸命に信仰を深めるべく努力する年としたように見える。

受洗後、玉子は丹後に教会を建て、住民の「大改宗」を企てようと計画する。またガラシャのまわりには、マリアやルイザなどのキリシタンの侍女がいたが、それに満足せず、乳母や家臣の改宗をはかり、改宗者は十六名に達したといわれる（『フロイス日本史』六二章）。まさに大名の妻として、領内にキリシタンを増やそうと、純粋に努力したのであろう。ところがこのような領民の改宗こそが、秀吉が「伴天連追放令」で禁じようとした点であった。宣教師たちは日本の改宗には、まず大名を改宗させることが重要と考え、その方向を追求してきた。しかしそれを危険と見たのが秀吉の追放令だったのである。

天正十六年に忠興が玉子の入信を知り、このことを契機に玉子が離婚を考えたのは、前年の天正十五年六月十九日の「伴天連追放令」発布と高山右近の追放と深くかかわっていると思う。キリシタンには厳しい風が吹きすさびはじめた。玉子の入信とガラシャの教名授与は、おそらく天正十五年の「伴天連追放令」発布以前になされたものであろう。しかし秀吉政権の目指す方向は、ガラシャなど大名やその妻の入信を受け容れる方向には進んでいなかった。夫の友人高山右近は追放され、のち前田家の保護を受ける身となっている。この受洗以後の厳しい状況は、後の玉子の最期にまで、影響を与えたと思う。

第八章　天正末年から文禄初年の細川家

1　忠興の北条攻め参戦

秘められた離婚願望

天正十五年のマリアの受洗と、マリアによる玉子の洗礼は、細川家にとっては大きな変化であったが、秀吉の「伴天連追放令」発布以前のことであるので、この事態は極力秘められ、細川家ではそれを外部に持ちだそうとはしなかった。それで玉子も離婚を実行しなかったと思われる。

秀吉からの所領安堵

天正十七年四月八日、秀吉は前田利家邸に入り、足利義政時代の御成記録に基づいて十七献を行う。このとき忠興は前田利長、蒲生氏郷、丹羽長重、森忠政《ただまさ》と共に酌の役を務めている。五月には聚楽の門内で秀吉が金銀三十六万五千両を一門・外様の大名に下されたが、忠興は少将の筆頭として、これを拝受している。そして九月には、丹後一国十一万七百石が細川幽斎・忠興父子に対して「一職」に扶助された。軍役は忠興が三千人、幽斎が千人、都合四千人と決められ、この外「無役」として忠興分二万四千七百石、幽斎分六千石を与えられた。こうして細川忠興は秀吉の大名と位置付けられ、所領安堵を受けたのである。

この安堵された所領に見合った軍役・普請役は、天正十七年十一月から始まった後北条攻めや同年の淀城普請として、早速勤仕することが求められたのである。

秀吉の北条攻めには、忠興は二千七百人を引き連れて十八年二月に出陣し、秀次を大将とする上方勢の一部として参戦している。

2 徳川家との縁

秀忠の入京

関東への出陣の前、天正十八年（一五九〇）の正月、家康の三男長松（一説に長丸、後の秀忠）が秀吉に招かれて京へやってきた。長松はこのとき十二歳である。この入洛にあたって家康が忠興に特に頼んだことがある。それは「長松は鄙《ひな》にてそだち作法無骨」であるので、「異見」してやってほしいとの依頼である。田舎育ちなので礼儀作法や都の文化を教えてやってほしいとの依頼である。忠興はこの依頼を快く承諾し、井伊直政と相談して、長松の秀吉との対面を首尾良く済ませた。忠興は秀忠の指南役を務めたことがわかる。以後忠興は秀忠上洛毎に親しくし、「茶の湯」も秀忠に伝授したという。こうして秀忠の少年時代に、徳川家との良好な関係が結ばれたことが、後に細川家にとっては大きな支えになるのである。

茶の湯に秀でた忠興

徳川家との縁が生じた背景には、忠興の茶の湯の才能が預かっていたことが判明する。天正十八年に忠興は二十八歳であり、秀吉主催の「北野大茶湯」が挙行されたのは天正十五年十月一日のことである。天正十五年には忠興は二十五歳の青年であった。先にも触れたように、この大茶湯では忠興も「影《よう》向《ごう》の松」の根かたに茶屋を設けた。その茶屋は「松向庵」と称している。北野天満宮や社頭の松原には、千五百から千六百にも上る茶屋が設けられたと言われるから、秀吉から見れば忠興の茶屋だけが目立ったわけではなかろうし、千利休、津田宗及、今井宗久らの有名茶人が亭主となっている状況では、若い忠興の存在はあまり注目を集めなかったかもしれない。しかし忠興にとってはこの茶会はその人生で画期的な重みをもって捉えられたことと推察する。なぜなら、正保二年（一六四五）忠興は八十三歳で没するが、法名として「松向寺三斎宗立大居士」を残しているからである。

利休七哲のうちの一人

千利休（宗易）は信長・秀吉の茶頭を務め、秀吉時代には側近としても重用された人である。その利休には「利休七哲」と呼ばれる優れた弟子がいた。古《ふる》田《た》織《おり》部《べ》などと並んで細川忠興がその中に入っていることは、忠興の技量や茶の湯の精神が、特に優れたものであったことを示す。利休は豊臣秀長（秀吉の弟）の死後天正十九年（一五九一）二月十三日、秀吉の勘気を被り、蟄居を命じられる。そのため聚楽の不審庵を出るが、このとき忠興と古田織部の二人が淀まで見送っている。そして利休は二月二八日自刃に追い込まれる。忠興と徳川家の縁が深まった翌年のことである。そうであるとすれば、天正十八年のころには、忠興の茶の湯の腕は極めて高いと世間で評価されていたことが推測できる。『細川家記』には、利休は忠興に「茶道の奥義ことごとく御伝授」なされたと記している。茶の湯の才能を通じて、忠興は徳川家とよい縁を結ぶことができたのである。

忠興のすぐれた素質

ここで忠興の幅広い優れた素質について見ておきたい。茶の湯の技量と精神で名高かったばかりでなく、忠興はこのころから武家故実に詳しいという評判を得ていた。父細川幽斎が室町将軍家に仕えたという歴史は忠興に引き継がれていたので、武家故実には他のどの大名よりも通じていたと思われる。先にも述べたが、天正十七年四月八日、秀吉の前田利家邸への「御成」に際して、足利義政時代の記録を捜し出して「厳密の作法」で行った十七献で、忠興が前田利長や蒲生氏郷と共に酌にあたったのは、細川家の家職と忠興の文化的才能を評価してのことであると考える。

この忠興の才能は、後にも繰り返し発揮される。例えば文禄三年四月八日に利家邸へ太閤秀吉が「御成」に成ったとき、十三献がなされたが、このとき忠興は他の大名を差し置いて「奏者」を務めるのである。

忠興の文化的才能は実に多彩で、武将として鷹狩りを好むのはもちろんのこととして、和歌、連歌、能を好んだと言われる。このように幅広い文化的才能が、忠興の幅広い交友関係を構築し、ひいては細川家を政情の大変動から支えたのである。

3 秀吉の家臣としての忠興

天正十八年七月、後北条氏は降参し、氏政・氏照は切腹、氏直は命を助けられ、高野山に送られた。氏直に嫁していた家康の娘は離別され、徳川家に戻った。

斎藤公義を預かる

天正末年から文禄初年にかけてのこの時期には、細川家の家臣団組織は完成していたが、その中には、かつての明智家の家臣がいることが注目される。そのうちの一人が斎藤内蔵助の子息である。天正十七年、斎藤内蔵助の子公義が忠興の元に預けられた。その理由は、内蔵助の子公義は敵秀吉を鉄砲で撃とうと謀ったが、秀吉の馬廻になっていた公義の甥の密告により捕らえられ、詮議がなされた。鉄火まで取ったが公義は赦免されている。詮議の最中忠興そしてその家臣河北石見に預けられたのである。公義は赦免されてから加藤清正に預けられ、後には追々取り立てられて「士(侍)大将」になったという。

斎藤内蔵助の子としては「春日局」がいる。公義は春日局の兄弟であることになる。後に忠興が春日局や稲葉氏と親しい関係になるのは、こうした公義との縁が背景にあるのであろう。

吉田久内の家臣化

光秀の家臣で「母衣の者」のうちにあった吉田久内は、細川家家臣松井の家来になっており、松井家臣として、「武勇」で聞こえていたとされる。このように、かつての丹波の国人衆だけでなく光秀の家臣も、細川家に抱えられるものが少なからずあったのは、玉子が忠興正室として、本能寺の変以後も変動はありながらも細川家で引き続き尊重されていたからであると考える。

会津領知を辞退

秀吉は北条氏討伐を終えた後、宇都宮から奥州会津へ向かい、奥羽諸大名の所領決定、検地、刀狩り、城の破却などを内容とする「奥羽御仕置」を発令する。この仕置では忠興は会津百万石を与えられることになった。しかしこれを聞いた忠興は、「もし某が功を賞せられむには、小地たりとも、西国において賜らむこそ本意ならめ」と述べている。幼いときから慣れ親しんだ京や丹後・丹波の地、それに大坂を離れることはしのびなかったのであろう。忠興の文化的素養をはぐくんだのも、京や青龍寺城のある西岡地域、それに丹後宮津であったから、できれば西国に領地を頂きたいというのは、忠興の本音であったと思う。

領地替えは秀吉が思い留まったが、忠興は奥州検地を実施するため、奥州に残留した。しかし翌天正十九年二月の利休事件のとき、京から淀まで利休を送っているので、それまでには帰還していたことになる。

忠興の同僚で、一緒に会津に進撃した蒲生氏郷は、天正十二年伊勢松阪城主十二万石になっていた。石高も忠興とほぼ同じである。氏郷は北条攻めの功により、天正十八年八月十一日、秀吉から会津若松四十二万石を拝領している。このことから見て、忠興の辞退がすんなり秀吉に受け入れられたことが不思議に思える。忠興の願いが聞き届けられた背景には、千利休との師弟関係が働いていたのではないか、秀吉の側近としての利休の口添えなどもあったのではないかと想像する。

ちなみに蒲生氏郷は天正十三年に洗礼を受けてキリシタンになっている。そして文禄二年（一五九三）会津九十二万石に加増された。これは天正十八年の拝領直後に為された豊臣秀次による検地の打ち出し分を含んだ石高であると考えられる。会津検地は文禄三年にも「再検地」が行われる。会津は、一揆などの形態をとっての在地勢力による抵抗が盛んな、豊臣政権にとっては知行の困難な地域であった。そして翌年の文禄四年に氏郷は亡くなっている。四十歳であった。

文禄の役に出陣

天正十九年十二月二十八日、秀吉は関白を養子秀次に譲り、自らは「太閤」と名乗るようになる。この譲与は、実子鶴松が夭折したことで、後継者を甥の秀次と定めたこと、また朝鮮征討を実行するため自ら九州に「動座」する決意を固めていたためである。詳しくは拙著『北政所おね』を参照いただきたい。ここでは忠興の動静を主軸に述べることとする。

文禄元年（天正二十年・一五九二）春、秀吉は朝鮮征伐の儀を諸大名に告げ、軍船・兵糧を備えて出立することを命じた。諸大名は家臣を引き連れて肥前名護屋《なごや》に集結する。その数は三十万余に及んだ。四月十二、三日に小西行長《こにしゆきなが》、加藤清正をはじめとして諸軍が船出していった。その中に忠興の軍もあり、忠興の供には、弟玄蕃頭興元、妹婿長岡好重などの親族のほか、松井・有吉・米田などの家臣たちがこぞって加わっていた。「都合三千五百」という人数は、天正十七年に秀吉によって決められた軍役高（四千）とほぼ一致する。

文禄の役では忠興は渡海している。しかしこの役が文禄二年の冬にいったん講和に持ち込まれるので、諸将は帰国、忠興も帰国している。

松井への所領安堵

この年（文禄二年）の八月三日、秀頼が誕生したので、秀吉は急ぎ名護屋から「帰洛」していた。そして十一月に秀吉は細川家家臣松井康之に領地安堵状を発給する。秀吉は松井康之を細川の陪臣《ばいしん》から直参《じきさん》に取り立て、石見半国を与えようと述べたが、松井が幽斎父子の恩遇から主家と同列に並ぶのは忍び難いと断ったので、城州神童子村百六十余石を加増することにしている。松井の母に対して以前八瀬村十三石一斗二升を与えていたので、合わせて康之への知行安堵の朱印状を与えたのである。

この知行安堵に際して秀吉が「松井は常に茶道に志深きゆへ茶料にすべし」と述べていることが注目される。細川家では、忠興ばかりでなく、重臣たちも茶道を嗜む者が多かったことが知られる。忠興正室玉子が侍女や家臣をキリシタンに導こうと努力したのと、同じ傾向が忠興にもあったことがわかる。

伏見にも屋敷

文禄三年（一五九四）二月より伏見城建設工事が始まる。この城は「太閤（秀吉）隠居城」にするために建築が始められた城である。普請奉行は石田三成で、諸大名には堀や石垣の工事が役として課された。その賦課基準は一万貫に三百人役とも、一万石に二百人役とも言われる。大名たちにも屋敷割りがなされたので、忠興と松井は「屋敷居宅」を建てた。こうして文禄三年には細川家は丹後宮津を本城としつつ、京と大坂玉造と伏見に屋敷を持つことになった。

第九章　豊臣秀次事件の波紋

1　豊臣秀次の立場

文禄四年（一五九五）に起こった豊臣秀次事件は、細川家の立場をきわめて微妙なものとする。関ケ原合戦に直接つながるこの事件を、細川家の立場から眺めてみよう。

秀吉は長らく実子が生まれなかったために、親族や大名家から養子・養女をとって育ててきた。秀次もその一人であり、秀吉の姉日秀の子で秀吉の甥に当たる。秀次は永禄十一年（一五六八）の生まれであった。初めは秀吉は親族のうちの青年として目を懸け、天正十三年近江で四十三万石を与えるなど親類衆として扱っていたが、天正十九年鶴松が亡くなったため、秀次を養子とし、その年の十二月には関白を秀次に譲った。秀次は京都の聚楽第に住み、秀吉が名護屋に動座している間の政務を代行している。それは「人掃令」を発布して国・郡・村毎に夫役負担者の人数を調べたり、「御前帳」

という台帳を徴集したりした点に現れている。つまり秀次は秀吉政権の後継者として、名護屋から朝鮮半島での合戦を指揮している太閤秀吉への支援策を、国内行政を担当することで分担し、その能力を発揮し始めたのであった。

しかし、文禄二年に秀頼が誕生したことで、秀次の存在は微妙になり、「叛逆」の汚名を着せられて文禄四年に秀次とその妻妾たちは処刑されてしまう。これが世に「秀次事件」と言われる豊臣政権に暗雲が立ちこめることになった事件で、秀次は二十八歳の生涯を終えたのであった。

2 事件の原因を探る

秀次の自害にいたるまでの事実経過や背景については拙著『北政所おね』に述べたので、ここでは秀次事件の直前の状況から眺めておきたい。

秀次の越権行為

朝鮮への物資や人馬の輸送を担当していた秀次は、文禄二年(一五九三)三月脇坂氏の水軍が大きな働きをしたとして、戦功を賞している。また秀吉家臣藤堂高虎《とうどうたかとら》に対して近江・美濃・伊勢の地を加増し、八月には吉川広家《きっかわひろいえ》に対し戦功を賞している。戦功を賞するのは直接の主君である秀吉からなされるのが普通の感覚であろう。それが秀次から為されていることが周囲にも奇異に感じられる点であったのではなかろうか。秀次がその直臣生駒氏に所領給与をなすことは是認されただろうが、その所領が尾張にあったことは、秀吉蔵入地《くらいりち》(直轄領)尾張八郡の中には入っていなかったのか、疑問とされるところであり、重ねて十二月、その秀吉蔵入地尾張八郡を秀次は検地させている。かつて秀次は実父三好常閑（一路）に十万石を与えていた。それがこのたびの検地によって十万石に達しないことがわかった。すると不足分を尾張の蔵入地から与えることにしている。こうした尾張に関する秀吉と秀次の施策の違いは、数字を読むことが巧みで計算に敏感な秀吉には、様々な越権行為と感じられたと思われる。

秀次を叱責

秀吉は秀次に対して、小牧・長久手合戦時の指揮が悪かったとかつて激しく叱責したことがある。大事な家臣池田恒興などを死なせた秀次の指揮のまずさに対して怒りをあらわにしたのであった。この年文禄二年九月にも、秀吉は伏見で秀次を呼んで、訓戒したばかりの秀次の行状ではあった。これが秀吉と秀次の関係を悪化させた直接の原因であったと考える。また文禄二年八月に、秀頼が誕生したことも、この二人の関係を決定的に悪くしたもう一つの原因であったと思われる。淀殿から生まれた子が女子であったなら、秀次事件は避けられていたかもしれない。

秀次の権限縮小

翌文禄三年（一五九四）には、秀次の独自の所領給与は寺西氏に対するものしか見られないとされる（藤田恒春『豊臣秀次の研究』）。秀次の行為には制限が加えられ、国内政治は民事・刑事共に秀吉が奉行を使って行う形態に復帰した。太閤検地が奉行の手で継続され、尾張の堤防は秀吉の命で一月から修築されている。秀次が為したのは「関白」としての最低限の仕事、例えば山科言経に「五人」扶持を与えること、などに縮少されたといえる。前著でも述べたが同じ年徳川家康は山科家に対して十人扶持を与えている。秀吉と秀次の対立をうまく利用して家康がその間隙を縫って勢力を扶植し始めている様子がよくわかる。

秀次事件は先述のように文禄四年（一五九五）七月に悲劇的な最終幕をおろすのだが、その直前の事件を見ておこう。

蒲生氏の継承問題

文禄四年二月、秀吉はこの年の初めに亡くなった蒲生氏郷の跡である会津若松九十二万石を天正十一年（一五八三）生まれの子息秀隆《ひでたか》（秀行《ひでゆき》。この時はまだ元服前の鶴千代）に継がせ、蒲生の老臣たちを諌め、上杉・佐竹《さたけ》・最上・伊達の諸氏に秀隆を補佐させる態勢をつくった。ところが蒲生秀隆の領地安堵を、秀次もなしている。蒲生氏は二人の主君を持っているような状況が現出した。

ただしこの秀次の行為には前史があり、天正十八年（一五九〇）に会津が氏郷に宛行われたとき、検地は秀次が行うこととなっており、その後の大崎・葛西一揆や翌年の九戸の乱に秀次は関与せざるをえない立場になっていた。特に九戸の乱では、秀次と家康が総大将となって、鎮圧に向かうことを、秀吉自身が命じていたのである。

悪いことに、蒲生秀隆が秀吉に提出した知行目録は秀吉に疑われ、近江二万石はそのために減封されようとする。秀吉は蒲生家臣に対して疑いの目を向けたようであるが、家臣の失態は主君の失態であることに変わりはない。この事件は上杉・毛利両氏の取りなしで蒲生氏の疑いは解け、秀隆は浅野長政に同行されて、会津に入国することになる。入国は秀次の切腹の二日前の七月十三日である。

このように事実を追ってくると、蒲生氏の知行地安堵が秀次からも為されたことに、秀吉が警戒心をもっており、そのために知行地目録も厳密に検討され、疑いの目が向けられたと考えられる。

キリシタンであった氏郷

氏郷がキリシタンであったことは前述した。氏郷は玉子より早く、天正十三年に諱を氏郷と改めた年に洗礼を受け、「レオン」の名をもらったと言われる。洗礼を受けた地は玉子と同じく大坂であったとされる。しかしこの時代秀吉配下の武将にはキリシタンは多く、高山右近・内藤如安《じょあん》・黒田如水《じょすい》・大友宗麟《そうりん》など挙げるのに不自由はしない。彼らはキリシタンであるからといって秀吉から排斥されてはいない。まだキリシタンは各人の信仰の段階として、自由に入信することが黙認されていたように感じられる。したがって秀隆の父氏郷がキリシタンであったことは、この事件に限り知行地削減の理由にはならなかっただろう。これ以外の様々な条件が重なって、蒲生氏の継承はすんなりとはいかなかったのであろう。

鶴千代の元服

この年（文禄四）二月に父の遺領を継いだ鶴千代は、秀吉から偏諱をもらい藤三郎「秀隆」と名乗った。秀吉の氏郷に対する信頼の厚さをこれは示していよう。十三歳の鶴千代は元服し、この元服によって婚姻は可能になるのが当時の常識であったから、家康娘「振姫」が正室と決まった。文禄四年六月段階にはまだ婚約段階であったと思われるが、家康の娘婿となるべき人の所領が減封されないで済んだことは、家康にとってはめでたい結果となった。また関東を拝領した家康は着々とその勢力の拡大と支配固めを為していることがわかる。

蒲生氏のその後

蒲生氏のその後についてここで附言しておくと、秀隆は慶長元年（一五九六）従四位下侍従に叙任される。十四歳である。武士階級は元服の直後に婚姻することが多いので、秀隆の婚姻はこのころであろうと推測できる。しかし家臣間の争いは止まず、そのため領国会津をついに没収され、下野宇都宮十二万石に減封される。九十二万石から十二万石へと豊臣政権下で約八分の一に削減されたことになる。慶長五年の関ケ原合戦で東軍に組みしたのは、家康の娘婿としてはこの道しかなかったであろう。関ケ原の翌年会津六十万石に復したのも、家康の姻族であったことに拠ると思われる。秀吉から与えられた秀隆をやめ、「秀行」と名乗ったのはこのころである。秀行はその後も家臣間の対立に悩まされ、慶長十四年には老臣蒲生郷成《さとなり》の会津出奔などを経験、この事件でも家康の取りなしで秀行には減封の沙汰はなかった。家康の庇護の手厚かったことが知られる。

蒲生氏略系図

定秀——賢秀——氏郷——秀隆（秀行）—┬—忠郷
　　　　　　　　　　　　　　　　　　└—忠知

　慶長十七年に秀行は三十歳で亡くなり、蒲生氏領会津は振姫の子忠郷《たださと》に継がれたが、忠郷が寛永四年に没したので、嗣子無く会津六十万石は没収されている。忠郷の弟忠知《ただとも》には、兄に与えられていた会津が没収されたことによって、代わりに伊予松山二十万石と近江日野（蒲生氏の出身地）四万石が与えられたが、この人の代になってもまた家臣の対立が起き、寛永九年（一六三二）「御家騒動」と幕府に見なされ、十一年三十歳で忠知が亡くなると、蒲生家は「無嗣絶家」とされた。蒲生氏系図を右に掲げる。

振姫の再婚

　秀隆（秀行）の死後、家康娘「振姫」は元和二年（一六一六）に二人の子を蒲生家に残して浅野長晟《ながあきら》に再婚している。長晟は長政の次男で、北政所おねの親族である。長晟は文禄三年（一五九四）九歳の時から秀吉の小姓として仕えていた。しかし父長政は、文禄・慶長期より文禄・慶長の役をめぐる他の奉行層との意見の対立や、甲斐を領国としていたことから、豊臣政権の関東奥羽支配の一翼として家康に近づいていたので、その浅野家が再婚相手であったことは、徳川家側から見れば頷ける再婚ではある。

3 秀次の普請と献金

秀次の献金

秀次事件には蒲生氏の継承問題以外の直接の原因がある。それは秀次の献金問題である。秀次は六月十四日、朝廷に金五千枚を献上している。この金の献上が細川家にも影響を及ぼすことになるが、まず献金がどう受け止められたかを検討しよう。

秀次の献金は、朝廷から衣冠を賜ったことに対するお礼であったという。金五千枚もの大金が献上されたのが事実であったのかどうかは、疑問なしとはしない。しかし、

聚楽第普請

この大金の献金が前年文禄三年の聚楽第普請の後になされていることに注意する必要がある。秀次家臣団が秀吉の作事である伏見城石垣普請、大和多聞山《たもんやま》普請に動員されているなかで、秀次が自身の居所聚楽第をも普請させていたことは、秀吉の不信感を増幅させたと考えられる。秀次は七月晦日、聚楽第の北にできあがった新邸に移徙している。そして八月に秀吉を聚楽邸に迎えようと計画したのだが、秀吉から延期が申し渡される。聚楽第の普請は多聞院英俊が述べるように「過分の造作」であり、

金銀の浪費と秀吉には受けとられたのであろう。それに続く文禄四年の大金の献金は、秀吉の印象を悪くこそすれ、改善することにはならなかったと考える。

秀次の「謀叛」

このように、秀次が自身の関白としての立場を補強するためにと秀吉には思えても仕方がない行動を採ったことは、秀吉側の陣営から疑われる材料をつくったように感じられる。そのため奉行の石田三成から秀吉に讒言があり、それは「秀次に謀叛あり」というものであった。秀吉は石田三成・増田《ました》長盛《ながもり》に秀次を詰問させ、さらに前田玄以を聚楽第に遣わして官職を剥奪し、七月八日高野山に追放し、十五日に切腹させた。秀次の妻子はいったん亀山城（京都府亀岡市）に捕らえられたあと、三十人余りが三条河原で処刑され、前野氏なども一味であったとして処刑された。

秀次追放（七月八日）の直後、石田三成・増田長盛は豊臣秀頼に忠誠を誓う。事後処理の仕方がこのような形態で為されていることは、秀次に代わって秀頼が秀吉政権の後継者となったこと、秀次追放の主体が奈辺にあったかを物語る。つまり、秀吉の意向を汲んで三成、長盛らが秀次とその関係者を切り捨てたのが秀次事件であったと考える。

事後処理

秀次が処刑された後、秀次が朝廷やその他の人々に与えていた金子の返還が問題視され、伏見の秀次邸は秀頼の「傅《もり》」（教育・養育係）となった前田利家に与えられ、秀次の領地は秀次家臣で秀次に加担しなかった者などに与えられた。例えば山内一豊《やまうちかずとよ》はこの事件によって、掛川八千石を加増された。

4　細川家への縁坐の危機

秀次事件の衝撃

秀次が生害させられた事件の影響は、細川家に及んだ。その理由は、秀次家臣の中で「切腹改易」された中に、忠興の婿前野長重とその父但馬守長康がいたからである。前野父子は切腹を命じられた。長重の「御室」は忠興の長女長であり、長は天正七年生まれであるから、この年十七歳であったことになる。長は実家細川忠興家にお預けとなった。

閉門を命じられた忠興

このころ忠興も伏見城普請にかかわっていて、伏見の屋敷に帰ったところ、秀吉から「秀次に一味し、黄金百枚に曬《ら》した（連なった）由、実否分明（になるまで）の間は、閉門仕るべし」との命が下った。石田三成、長束正家《なつかまさいえ》、増田長盛、前田玄以などが相談し、忠興に切腹すべきだとの書状を調えていたところ、前田玄以は日頃から忠興と仲が良かったので、竹田永翁（秀吉の側近衆）を忠興のもとに走らせたという。竹田永翁の父竹田松梅軒の妻は細川家家臣沼田光長の息女であったからである。

忠興の思い

その後も永翁方より石田の讒口がしきりである由、松井康之に知らせがあった。忠興はこの状況に対して憤りをあらわにする。「年来の戦功に対して恩賞があって然るべきであるのに、日頃三成と仲が悪いため、僅かの恩補もないので、有功の家僕を賞すべき手段もない、この上、讒言によって死を賜ったならば、むざむざと腹は切らない、三成を討って、伏見を『黒土』

にして、みずから自害する」と忠興はいったという。

秀次追放時、忠興は右の発言から伏見の細川邸にいたことが判明する。玉子はどこにいたのであろうか。京都の聚楽第に近い細川邸にいたようである。聚楽第周辺にも、諸大名の屋敷が建ち並び、豊臣政権への人質として、大名の妻子や重臣がそこに置かれていたからである。

忠興は家臣米田助右衛門を「聚楽の御屋敷」に遣わし、伏見から指示があり次第、「上様御子様生害させ申し、御屋形に火を懸け、切腹仕るべし」と決めている。

忠興、秀吉に言上

いっぽう秀次から黄金百枚を拝領したことを疑われたようで、この件については忠興は「拝領ではなく借用である」と、前田玄以や医師寿命院悰以などを頼り、秀吉に言上した。すると秀吉は「先年、明智光秀にさえ組しなかったのだから、黄金百枚のことで秀次の謀叛の徒党になることはないだろう、しかし前野出雲守（長重）は縁者であり、疑いなきにあらず、まず黄金百枚を返し、娘（長）を指し出すように」と命じてきた。ちょうどその時細川家には黄金百枚はなく、秀吉の「金奉行」からの催促は急であった。

そこで細川家では、前田利家に「娘長は差し出さないが、黄金は返納したいので、御貸しいただきたい」と申し入れたところ、米はあるが金はあいにくないので、京の町人藤本浄円から五十枚を都合させようとの返事であった。けれど五十枚では半分にしかならないので、松井康之を使者として、徳川家康に頼みに行ったところ、家康は風邪で臥せっていた。しかし松井ならば通って良いと言われ、帷を上げて会ってくれた。側にいたのは二人の本多氏だけであったという。そこで家康は鎧櫃を取り寄せさせ、その櫃には黄金が五十枚宛四櫃に入れてあったのを、百枚康之に賜り「御息女を出され間敷との事ハ合点参らず候、士の恨は云時か有もの也」と仰せられたという。家康は黄金百枚を貸してくれ、娘を出さない理由をはっきり言明すべきだと助言していることがわかる。

また康之が、黄金百枚は丹後より取り寄せ次第返上しますといったところ、家康は「それは心得違いである、これほどの黄金のことを多くの人が知っては越中殿（忠興）の為にならない、この三人（徳川家の三人と松井を入れて四人だが）の他知る者はない、心易く思うように」と諭したという。こうして細川家懸案の黄金は、家康が都合してくれたことによって、秀吉に返すことができた。この家康の好意に忠興は「骨髄に徹し忝《かたじけ》なく」思ったと『細川家記』は記す。忠興が家康に恩義を感じ、後の関ケ原合戦で徳川家に味方する素地はこの秀次事件への縁坐のおそれが契機となったと考えられる。

こほの縁約

忠興はこの時の松井康之の功労に対して、娘こほを康之子息興長の妻とするという「縁約」を結んでいる。こほは忠興側室「お藤」の産んだ女子であり、こほが生まれたのは天正十年（一五八二）であるから、この年こほは十四歳であったことになる。後の婚礼時には、忠興は芳賀佐助という家臣や多くの侍女をこほに付けて松井家に遣わしたとされる。玉子の娘の婚姻に準じた、礼を尽くした婚姻であったことがわかる。

米田の娘の婚姻

また聚楽第に近い細川邸へ忠興の密命を帯びて遣わされた重臣米田助右衛門の働きについても、その後助右衛門の娘を牧左馬允に婚姻させた時、こほと同じように「御仕立て」を調えてやったのは、こほを興長に娶せた時と同じく重臣の行動を評価したためであるとされる。

人質にされようとした長

この事件の始まりの段階には、忠興は前田玄以をもって陳謝した。ところが秀吉は忠興が前野長重室である長を「質」（人質）に出すことと、黄金は返納すべきことを主張した。そこで松井康之が黄金百枚を工面してきたので、秀吉に返納することができた。いっぽう長については、忠興は「是非殺害」の御沙汰があれば「死を倶に」するとの覚悟で助命を願っている。その強い覚悟が聞き届けられたのか、秀吉は黄金百枚を忠興に改めて与え、それを忠興が謝したところ、その上「有明の茶入れ」を忠興に与え、また人質として差し出すことを免除したとされる。

忠興と玉子の間に生まれた長女長は、天正七年生まれであるから、この年十七歳であった。前野長重と婚姻したのがいつかは判明しない。前野氏は秀次の家臣であるから、秀次が関白として輝いていたころの婚姻であったと思われる。しかし秀次事件で細川家に引き取られており、前野氏の妻のままでは縁坐を免れなかったであろう。そこで細川家では長を剃髪させ、「安昌院心月妙光」と名付けて「浄土門」に入れて「行いすまして」暮らさせたと言われる。長はこのとき、離婚・剃髪というかたちになって、難を逃れていることがわかる。

これは、以前玉子が父に縁坐せず命を救われた姿とまったく同じであることがわかる。玉子のつらい経験は、娘長の時代に細川家では見事に生かされたことがわかる。

前野氏とは

細川家の長女長の婚姻相手である前野氏については、確かな史料が少なく、どのような一族であったのか知る手がかりはごく少ない。その中で、藤田恒春氏が著された

『豊臣秀次研究』のなかに二名の前野氏、すなわち「前野兵庫助」「前野彦太郎」が登場することが注目される。兵庫助は天正二十年の正月に秀次が京都の警護を秀吉から任務として与えられたとき、秀次に付けられた豊臣家家臣三四二三〇人の中に居り、前野兵庫助は、後備三〇一四人中にいる。その後文禄三年の秀次家臣の中にも見え、この年には尾張の堤普請のために遣わされている十八人の秀次家臣の中にいる。また彦太郎は文禄三年の交名にのみ現れ、「新座衆」の中にいるので、比較的新しく秀次家臣となったように思われる。秀次事件に関与したとされる前野但馬守長康《ながやす》、その子出雲守長重の名は両史料には見えない。おそらく前野氏一族は様々な人物が秀次家臣の中に含まれていたのだろう。

前野兵庫（助）は、秀次事件のあと浪人し、のち石田三成に仕えたと藤田氏は見ている。秀次事件はその家臣団の行く末に深刻な影響を与えたことがわかる。

長の剃髪から見える玉子の地位

秀次事件は細川家にとって大きな試練を与えた。長をどう守るかで、忠興は苦慮したと思う。長を秀吉方に渡さず、離婚・剃髪という形で守ることができたのは、玉子自身のつらい経験が生かされたからであろう。玉子はこの事件の解決方法の手本となっていることから考えて、細川家の正室として、揺るぎない地位を獲得していたことがわかる。

もう一点見逃すことが出来ないのは、黄金を都合してくれたのが家康であったことである。細川家の危機を救った人として、秀次事件を契機に家康に対する恩義と親近感は大いに増したと考えられる。

5　秀頼を囲む体制づくり

秀次の高野山への追放は七月八日であり、その切腹は十五日である。その間の七月八日、石田三成、増田長盛は秀頼に忠誠を誓っている。秀次事件の深部に秀頼を豊臣政権の後継者にするという秀吉の意図があったことは疑いが無かろう。秀次が与えたとされる金子は秀吉の元に返納され、伏見の秀次邸は秀頼の「傅」（養育係）前田利家に与えられた。文禄二年生まれの秀頼はこの年三歳である。誕生直後に取り決められていた秀次の娘との婚約は取り消された。

「お江」の婚姻

文禄四年九月に打ち出されたのが、秀吉側室淀殿の妹「お江《ごう》（お江《え》与《よ》）」と家康三男秀忠との婚姻という秀吉の新しい政策であった。秀次事件の二カ月後のことである。

秀吉は、徳川家康に対して小牧・長久手合戦で手痛い敗戦の経験があり、その後も旭姫や大政所を徳川方に送って手を結ぶことを追求してきたが、秀吉にとっては跪かせることはできない強敵であることに変わりはなかった。秀次事件においても背後で動く家康、また蒲生氏といち早く婚姻関係を結ぼうとする家康が、目障りと感じられたに違いない。こうした秀吉政権の弱点を糊塗するためには、家康を豊臣家の姻族として、さらに引きつけておく必要があった。こうした秀吉の思いに支えられて、お江と秀忠の婚姻が実現する。秀頼を産んでさらに地位を上げた淀殿は、側室第一の立場を強化していた。その妹と、秀吉・おね夫妻の覚えがめでたく、おねからもかわいがられている秀忠（拙著『北政所おね』参照）との婚姻は、秀吉・家康双方にとって願ったり叶ったりのよい縁組みであったと考える。こうした家康、秀吉の歩み寄りが実現したのは、やはり秀次事件という秀吉政権を揺るがす大事件が契機となっていたからであろうと思う。

伏見大地震

秀次事件の起こった文禄四年の翌慶長元年（一五九六）、閏七月十三日、畿内に大地震が起こった。子の刻から揺れ始め、大地震となり、地中から水が湧きだした。京・伏見の家々は倒壊し、京の大仏殿の大仏も「破裂」し、死者はその数を知らずという惨状を呈した。伏見城の被害は大きく、上臈女房七十三人、下女や番衆など五百人余りが圧死するなどして横死したと云われる。

この地震で大天守閣、門、矢倉などが崩壊し、秀吉・秀頼は仮屋を建ててそこにいたとされる。謹慎中にもかかわらず加藤清正が真っ先に駆けつけ、秀吉から謹慎を解かれたという逸話は有名である。前田利家も登城し謁見したところ、「傅」として秀頼を預けられたので、利家は秀頼を抱いていたとされる（『加賀藩史料』）。その後伏見復興の資財を、前田家は領国から敦賀の商人高嶋屋を介して取り寄せて、いちはやく復興に努めた。そのように急いだのは、前田利家が地震以前から滞在中の明使の接待を任されており、また秀吉と明使の謁見を九月一日に控えていたからである。

慶長大地震は京に建設途中であった大仏殿をも襲った。大仏は胸や左手が崩れ落ち、見る影もなくなったが、その覆殿（本堂）は基礎が少し陥没する程度で損傷は少なかったという。

地震時の忠興と玉子

この地震時、細川忠興は米田助右衛門を呼んで助右衛門に対し、正室玉子のことは「其の方へ渡す間宜相計ひ候へ」と言いつけて伏見城に駆けつけたという。この忠興の言動から推測すると、地震時玉子は大坂の細川邸にいたと思われる。地震で倒壊した京と伏見の間は行き来も困難であっただろうからである。大坂の細川邸にいる玉子たちを、米田を伏見から大坂へ遣ることによって守らせようとしたのであろう。ちなみに京の聚楽第は秀次事件の後に壊され、伏見城などに移築されているので、細川家の京の屋敷に玉子が居続ける必然性はなくなっていたと思われるからである。伏見大地震のころ、玉子は大坂にいたと推測する。

明使との会見

秀吉は慶長元年九月一日、講和のために招いていた明の勅使と伏見城で会見する。地震からわずか四十余日後のことである。この時忠興は奏者の役を務める。明使は勅書・金印の外に「封王の冠服」などを捧げたという。忠興は奏者であるので、これらを受取る役目を果たした。この大役を果たしたことによって、忠興は従三位参議に昇任し、「越中守」に任じられた。

忠隆と千世の婚姻

奏者としての役を果たしたことは、思わぬ余波を細川家にもたらした。翌慶長二年正月、秀吉は前田利家に「其方に能き聟を採らすべし」と述べ、「越中守嫡子与一郎」は「当代の出来もの」であると述べて婚姻を勧めた。利家・忠興は喜んだという。こうして忠興の嫡子忠隆（十八歳）と、利家の娘千世（利家とまつの間の七女。宇喜多秀家《ひでいえ》室の妹）との婚姻が決まったのである。信長が忠興と玉子の婚姻を命じたのと同じく、秀吉の命での婚姻が実現した。

輿渡しはこの年二月に行われ、本多安房守が輿を渡し、松井康之が受け取っている。忠興の嫡子の正室を秀吉が自ら乗り出して決めることによって、豊臣―細川の主従制を再構築しようとしたものであろう。九月には忠興邸に「太閤」秀吉が御成になり、茶の湯が催される。こうした家臣邸への御成もまた、主従関係の修復に効果があった。

千世という人

ここで忠隆の正室となった前田利家とまつの間に生まれた娘について述べておこう。

この人の名は千世（千代・長）と云い、法名は春香院で、利家とまつの七女として天正八年に生まれた。忠隆と同じ年の生まれであるから、婚姻時十八歳であったことになる。

婚姻の翌年、婚姻を命じた秀吉が、次いで実家の父利家が亡くなった。その後の政治情勢は、前田家中心には動かず、徳川家が次第に力を蓄える方向に進んだこともあって、関ケ原合戦で後述のように玉子が自害したとき、千世は姉「豪《ごう》」（天正二年生まれの利家とまつの間の四女で、秀吉の養女となり、宇喜多秀家の正室となった人）の指示によって事前に脱出したため、細川家に居づらくなり、離婚という事態になっている。夫忠隆も父の意志とは異なり、千世をかばったので、細川家を出ざるをえなくなり、前田家を頼ったが、忠隆もキリシタンとなったこともあって、前田家は夫妻を保護することはなかったので、離婚が決定、千世は後、慶長十年に前田家家臣村井長次と再婚した。しかし長次は慶長十八年、千世より先に亡くなっている。千世はその後寛永十八年に六十二歳で亡くなった。晩年は能登に住んだようで、能登鹿島郡熊甲神社を修造していることなどを見れば（「久麻加夫都阿良加志比古神社棟札」）、ゆったりと恵まれた生活が前田家から保証されていたものと考えられる。千世につい

菊の墓（西教寺墓所）

ては義兄の中川宗半（姉蕭の夫で前田家の客将）から金子の借用を依頼されたこともある。このように、前田氏の一族は利家死後助け合って難しい時代を乗り切っていた。

前田利家の子供たち

前田利家には正室まつに十一名の子が生まれ、そのほか五人の側室（千世・岩・存・阿千代・於古和）からは七名の子が生まれていた。その側室の一人である岩（笠間氏）から生まれた「菊」は千世よりも早い天正六年の生まれである。この人も幼時から秀吉の養女となり、大津の西川重元という富商に育てられたという。しかし天正十二年八月七歳で亡くなった。墓は少女時代を過ごした地近江大津の西教寺に設けられている。西教寺には先述のように、明智一族の墓があり、また細川家家臣の墓もある。西教寺は天台宗真盛派本山であり、菊の墓は山手の琵琶湖を見晴らす場所にひっそりと立っている。

京の新邸建設

同じく慶長二年の初めのころ、秀吉は伏見城の修築に努力を傾けるいっぽう、京都に新邸を築き始める。それは「ハコ瀬ガ池」というところであったとされる（「孝亮宿禰日次記」）。伏見大地震の直後からのこうした大掛かりな土木工事は、人心の反発をまねいただろう。『慶長見聞録』は、土木工事が続いたことで人々が困窮し、乞食を増加させ、彼らは京、大坂を放浪したと記している。

五月、伏見城の修築は終わり、秀吉はここへ移徙する。この時代の工事期間の短さは、目を驚かすばかりである。次いで秀頼も伏見城に同居するようになり、九月には秀吉父子は京都の新邸に向かっている。

慶長三年五月、太閤秀吉と秀頼は同じ車で参内し、忠興・忠隆父子も扈従して、「御沓役」と供奉を務めた。この時、忠隆は従四位下に叙され、侍従となっている。羽柴の苗字と桔梗の紋をこの時拝領したという。これらの秀吉の施策は、秀頼を後継者として世間に認知させるための行為であり、秀頼を囲む体制づくりに他ならなかった。参内以前の三月十五日には、醍醐の花見が催されていた。この時の状況、花見の意義については拙著『北政所おね』を参照いただきたい。

八月十八日、激動の時代を生きた豊臣秀吉が伏見城で薨じている。六十三歳であった。秀吉の死は翌年まで秘され、妙法院に葬られた。法号は「国泰院俊山雲龍大居士」である。雲龍のように天に昇った俊才であったと、当時の人々には思われていたのであろう。

第十章　関ケ原合戦と玉子の最期

1　秀吉死後の豊臣政権

五大老制の変質

秀吉の死の直後は秀吉の遺言が守られ、大坂城に移った秀頼の元でその補佐としての五大老が機能し始めた。五大老とは制度としては文禄四年の秀次事件後の処理に当たった「御掟」に原型が見えるとされ、徳川家康、前田利家、宇喜多秀家、小早川隆景《たかかげ》（慶長二年卒去後は上杉景勝《かげかつ》）、毛利輝元《てるもと》であるというのが通説である。『細川家記』にも五大老は「家康・利家・秀家・輝元・景勝」と記される。ところが慶長四年前田利家が亡くなり、その跡に子息利長が入る。このことによって、五大老間の勢力均衡は影響を受けた。なお景勝は「暇を賜って」在国したので、伊達氏を上杉氏の代わりに加えたとの説もある。

五奉行制の強化

五奉行は五大老以前から定められた制度で、前田玄以、浅野長政、増田長盛、石田三成、長束正家の五人である。当初文禄二年ごろ五奉行の筆頭と目されていたのは、秀吉の相聟で、文禄の役で軍監をつとめた浅野長政であった。この五奉行の活動が活発化するのも、秀次事件に関連する蒲生氏郷死後の継承問題に原型が見えるとされる。しかしこの秀次事件で浅野長政の長男長継（幸長）が縁坐したため、浅野氏は主席の座を降りている。縁坐の理由は、長継の正室（池田恒興の娘）の姉が秀次の側室の一人であったためであると見られている。

奉行はまた「年寄」とも称しており、秀吉はその死にあたって、子飼い大名たちによる五奉行制を、軍事、政治の担い手として制度上明確に位置づけようとした。五大老の下ではあるが、実質上は五奉行に国政を全て委ねる意図をもって、秀吉は死に臨んで五奉行制を一層強固なものにしようとしていた。

中老を設置

そのため大老と奉行の間で意見の違いがある時は生駒親正《いこまちかまさ》、中村一氏《なかむらかずうじ》、堀尾吉晴《ほりおよしはる》の三人を中老職と定め、「取り扱い無事を調う」べしとも遺言をしている。「中老」はまた「小年寄」とも呼ばれ、中規模大名層から抜擢されている。秀吉は奉行と大老の意見が食い違うであろうことも予想し、解決方法まで提示していたのである。

こうして何重にも安全装置を作成して、秀頼を支える政治組織をつくり、前田利家と徳川家康を秀頼の「傅」と後見役に任じ、伏見城は五奉行が交代で番を務めるように命じて、秀吉は亡くなったのであった。

2　前田利家と徳川家康

豊臣政権は依然として「公義」

秀吉の死の直後は、秀吉の遺言「太閤様御置目」に基づいた秀頼を頂点とする統治体制がよく機能していたとされる（朝尾直弘『幕藩制と天皇』）。秀頼による豊臣政権を「公儀」と認める体制は、慶長八年（一六〇三）の家康将軍宣下まで続いたとされる（高木昭作氏など）。徳川家康の実力が拡大してきたとしても、「公儀」と認識されていたのは大坂城の秀頼であり、家康は秀吉が生存中に作り上げたこの公儀に依拠せざるをえなかった、というのが大方の見方である。こうした「公儀」のありかたを学説として押さえながら、細川家の目を通して慶長四年・五年の関ケ原合戦に至るまでの状況を検討したい。

秀頼、大坂城へ移る

慶長四（一五九九）年正月一日に伏見城で諸大名から拝賀を受けた秀頼は、十日には秀吉の遺命を守って大坂城に移っている。この年秀頼（一五九三年生まれ）は七歳であり、正月一日の拝賀の礼においては前田利家が病気を押して秀頼を抱いて着席したという。利家の「傅」役の実態がよく示されている。十日には大風・大雨の中、六十余艘の御座舟で大坂城に移ったという（『義演准后日記《ぎえんじゅごうにっき》』など）。この秀頼の大坂城への移徙によって、伏見城は家康の管轄のもと、三奉行（前田玄以、長束正家ともう一人の奉行）が留守居をすることとなり、大坂城は利家が「総留守居」となり、石田、増田、浅野の三奉行中二名が交代で留守居をするという体制となった。

家康、動く

しかし正月十九日には早くも家康方が不穏な動きをみせ、これに対して奉行方が警戒する状況が生まれている（『細川家記』）。十九日、有馬法印邸に家康が入り、表向きは能の観賞であったが、井伊氏、藤堂氏も遅れて入って、「密談」があった、と記す。能の会は二十日にも開かれている。

家康を詰問

二十一日には三中老が安国寺恵瓊《あんこくじえけい》と共に家康邸を訪れ、四大老五奉行より詰問がなされた。それは「家康は五度も評定所に出てこなかったことは我が儘の至りであること、その上秀吉の遺言に背き、猥りに縁辺を組んでいる、これらは行末秀頼公の御為（にならず）悪しかるべきはこの人である、究明して、返答によっては勢いの微なるうちに討ち果たすのがよい」との石田三成の意見に大老・奉行が賛成し、まずは使いを遣わすこととなり、家康に対し「連署状」を持参したというのである。

その連署状には「息忠輝《ただてる》を伊達政宗の聟とし、蜂須賀家政《いえまさ》・福島正則《まさのり》などと姻戚となり、森忠政を川中島に移して本領を授けたことは、他のいずれにも相談なく、太閤の遺言に背かれた」と書かれており、家康の単独行動を詰問する内容であった。そして西笑承兌《さいしょうしょうたい》と生駒近規を使者として、家康の弁明を求めたのである。

家康の縁戚づくり

家康の縁戚づくりはこの時期大変目立ったかたちでなされていた。秀吉は諸大名間の縁辺は、秀吉の許可を得て取り決めることとする掟を、文禄四年八月二日に出していた。この掟は慶長三年に、再確認されていた（岩沢愿彦『前田利家』）。しかしこの時までに家康は伊達政宗の娘五郎八《いろは》姫に家康六男忠輝を娶らせ、家康の養女を福島正則の子正之《まさいえ》、蜂須賀家政の子至鎮《よししげ》と婚約させた。いずれも秀吉の死後五カ月の間になされたものである。このことは掟に違反するばかりでなく、文禄四年七月の「霊社上巻起請文」、慶長三年八月の「霊社上巻起請文」（『毛利家文書』三）が破棄されたことを意味するから、大老・奉行にとっては看過できない事態であった。

大名たちをも詰問

四大老・五奉行は家康を詰問すると同時に、伊達・福島・蜂須賀氏に対しても使者を立てて詰問している。家康らはそれぞれに言い逃れまたは他への責任転嫁でこの問題をうやむやにしようとし、蜂須賀家政だけが事実を認めたとされる。

大名が二派に分裂

この直後、諸大名は家康方と利家方に分かれて集結している。伏見の家康の元には、福島正則、森忠政、池田輝政、織田有楽《うらく》、黒田如水・長政父子、藤堂高虎、有馬則頼《ありまのりより》、金森素元、新庄直頼《しんじょうなおより》など、大坂の利家の元には三大名・五奉行、細川忠興、加藤清正、加藤嘉明《よしあきら》、浅野幸長、佐竹義宣《さたけよしのぶ》、立花宗茂《むねしげ》、小早川秀包《ひでかね》、小西行長、長宗我部盛親《もりちか》などが集まった。その他にも利家方には岩城・原・垣見・熊谷・福原などが集結している（『武徳安民記』）。この時点では利家方に理があったので、集結した人数でも利家方が家康方を圧倒していた。なぜこれほど多くの大名たちが利家のもとに集まったかについては、前田家は秀頼に対する国大名衆の「奏者」となったので、それまで以上に諸大名との関係が密になったであろうと岩沢愿彦《よしひこ》氏は述べている。対する家康は、関東の大名衆の代表格であった。また、利家の元に集まった人々の中には、加藤清正、浅野幸長のように朝鮮の役や秀次事件で石田三成と対立した者もあった。よって、前田利家邸に多くの人々が参集したのは、秀吉の遺言に家康が違反したことが明白だったことと、利家の人柄や「傅」・「奏者」としての立場が、多くの豊臣家臣たちを引きつけたからであったと思われる。

仲介する忠興と吉晴

豊臣家臣団の二分状態・一触即発の危機は、細川忠興と堀尾吉晴の働きによって回避される。二人は中に立って「あなたこなた」と調整に奔走した。忠興が最初利家方に向かったのは、嫡男忠隆の正室が利家七女で、この婚姻は二年前の慶長二年になされていたことを前述した。忠興は前田家と「縁家」であったので、特に「御苦悩」され、和睦のことを取り結んだと『細川家記』は述べている。それに、忠興は前田利長とは日頃から特に仲が良かったと云われる。いっぽう堀尾氏は「中老」として「和順」を取り扱い、双方に往来して、二月十二日(『細川家記』は五日とする)に四大老・五奉行に「和睦の誓詞」を取り交わさせた。

危機の回避

誓詞交換の後、二月二十九日、利家は病身を押して川舟で伏見に出向き、家康と会談することになった。家康に、伏見城を出て向島《むかいじま》に移るように勧告するためである。この時利家は加藤清正、浅野幸長、細川忠興の三大名と、前田家家臣を従えて行った。加藤と浅野は、秀次事件や、大地震時に前田利家に大恩を受けて助けられていたからである。こうして、利家方からの譲歩が為されて、危機は回避されたことがわかる。

三月には今度は家康が大坂に下り、利家邸に入っている。饗応を受けたのは、忠興のほか池田・福島・黒田・加藤・堀尾・藤堂などであり、石田三成までやってきたので、参会の面々は驚いたという。

その夜家康は藤堂高虎の邸に止宿している。

忠興の扱い

このように、慶長四年に利家、家康の和睦が図られたことで、忠興の名はあがった。「忠興卿の御扱は天下太平の基なりとて、皆人歓候」と、『細川家記』は記している。利家の勧告に従って家康は三月二十六日向島の屋敷に移った。『細川家記』は「忠興の勧めによって也」と記す。利家に説かれ、忠興が勧めたことで、家康も移動の決心がついたのであろう。

3 三成譴責・逼塞事件と家康の大坂入り

大名集団の再編成

ここまで秀吉亡き後の政治を主導してきた前田利家が慶長四年閏三月三日に亡くなってしまう。六十二歳であった。そうするとあれだけ大きな集団をなしていた利家方の大名たちの間に、分裂という事態が起こる。閏三月七日（一説に十一日）細川忠興・池田輝政・加藤清正・浅野幸長・福島正則・黒田長政・加藤嘉明の「七人衆」が内談をした結果、石田三成の「我意の振舞」に対して十一カ条の譴責状を認め、家康に提出、石田討伐を議論することになった。ところが家康は「太閤の五奉行にまで取り立てられた治部少輔（三成）を殺したなら、いっそう世上の噂（家康は我儘が過ぎるという噂）を増大させる、よって三成の命は自分が貰い受ける」といって、逆に三成を救うかたちになった。そして三成はすぐさま佐和山城に逼塞させられた。大坂の騒動はようやく収まった。この事件を機に、池田、森、福島、浅野、黒田、加藤などの諸大名は結束を固めることになる。他方宇喜多、島津、佐竹、立花などの大名は石田を救おうと態勢を整え始めた。三成蟄居で終わったこの事件で、家康方とその反対の三成擁護派に結集した人々は、ほぼ翌年の関ケ原合戦の布陣と似通っていることがわかる。関ケ原の合戦の直接の原因の一つに、この三成逼塞事件があったことがわかる。

豪と千世

宇喜多秀家は前田利長の「縁者」である。秀家の正室は前田家の娘で秀吉の養女となっていた「豪姫」である。忠興の嫡子忠隆の正室は豪姫の姉妹であったので、忠興の方から秀家を誘ったが、叶わなかったようである。豪は利家正室まつの娘で天正二年生まれ、忠隆の正室になった千世は先述のようにまつの七女で天正八年生まれであり、豪の妹に当たる。ここにおいても、細川家が親族関係に入った相手方にできるだけ不利な状況が生じないように、心を砕いている様子が読み取れる。

家康の大坂城入り

向島に居た家康は、三成を佐和山に追いやったこと、この事件で多くの味方を得たことで、堂々と伏見城に入ることができた。秀吉が築き、死後は奉行に守らせてきた伏見城は、この閏三月二十三日から家康の城となった。そして五月には家康は大坂城を「巡見」し、九月には大坂城に入って淀殿・秀頼に謁見している。次いで九月二十八日、家康は大坂西の丸に正式に入った。

大坂城はこうして淀殿・秀頼と家康が同居する城となったのである。

利長・忠興への懐疑

ここに発生したのが前田利長と細川忠興に関する嫌疑である。「忠興は大坂屋敷の作事を為しており、矢間を切っている、また加賀に在国している利長も帰国後武具を用意し、城を固めている、二人は申し合わせてやがて討ち上る所存に違いない」と三成が家康に讒言したという（『細川家記』）。

細川家の人々はこのころ忠興が伏見に、幽斎が大坂の館にいたので、家康は幽斎を召して尋ね、誓詞を出させている。細川家重臣松井康之は太閤の覚えが目出度かったので、時勢をはばかって伏見の自邸に蟄居していた。こうした細川家に不利な状況も、幽斎の誓詞や家康家臣榊原康政が予てより忠興と親しかったことなどによって解消され、家康の疑いが晴れ、十一月には細川忠興が家康・秀忠に別心がない旨の誓詞を指し出すことで、事なきを得ている。家康は解決にあたって「今後加賀前田家と御縁者振成さるまじき」旨を言い渡し、忠興の三男光千代を「証人」（人質）として江戸に遣わすことが決まった。

家康の巧みな策

このように石田方から嫌疑が掛けられたことを発端として、家康は「誓詞」を取るという確実なかたちで細川家を味方に引き入れたことがわかる。誓詞を出させ、それを保証するかたちで子供を人質として江戸に送らせたのである。光千代は後に細川家を嗣ぐことになる忠利である。この人は天正十四年（一五八六）生まれであるから、この年十四歳である。またこの時前田家との縁組みを家康から禁じられたことは、前田家の娘千世を妻とする嫡男忠隆の将来に、暗雲をもたらすことになる。

いっぽう前田家は家老横山氏が忠興の仲介で井伊直政を通じて家康に申し開きをなし、その後利長の母「まつ」こと「芳春院《ほうしゅんいん》」を人質として江戸へ送ることに決まり、翌慶長五年（一六〇〇）五月にまつは伏見を発って六月三日に江戸に着いている。これが前田家にとっては、江戸に送った初めての「証人」であった。

前田家との縁組みを禁じられた細川家はしばらくこの事を守っていたが、元禄十一年綱利の時に「中直り」をして縁組みをしたという。

前田家の対処

家康の領地安堵

大坂城に入った家康はこの事件の疑いを誓詞と人質で晴らしたばかりでなく、巧妙にそのほかの面でも細川家の将来について禍根を残さないような方策を採っている。それは細川家に対する領地安堵においてである。忠興には翌慶長五年二月、豊後杵築六万石を加増した。「大坂台所料」の名目であるから、大坂での家康への奉仕に対する所領知行という名目である。秀吉時代の台所料は大名の領国内に石高が「台所料」として設定されている場合か、畿内に新しく台所料をもらう場合がほとんどであった。未知の知行地での台所料は、そっくり知行地替えがなされた場合は別として、ほとんどなかったと思われる。しかしこの場合は豊後杵築で六万石という石高を加増されたのであるから、細川家としては豊後支配のために家臣を分散させねばならなかった。ここにも家康のねらいがあったように思える。細川家重臣有吉武蔵と松井佐渡が杵築に遣わされた。細川家は江戸に三男を人質に出し、豊後に重臣を一部送ったことで、実質上その勢力が分散されてしまったことになる。

4 慶長五年の幕開け

明けて慶長五年（一六〇〇）正月二十五日、光千代（忠利）は人質として大坂を出て江戸に向かった。このことで、徳川家康陣営に属していることを、細川家は天下に明言することになった。

細川家の立場

二月初め、先述のように忠興は家康から「豊後に六万石の明所（空き所）」があるとして「大坂の台所入りに」と杵築を拝領する。前年十一月、家康・秀忠に誓詞を出し、それを実行する証として三男光千代を江戸へ人質として送ったことに対する、家康の「御恩」である。九月の関ケ原合戦の前に、家康の「御恩」としての所領給与が為され始めていたことは注目に値する。家康は以前から推し進めていた婚姻政策に続いて、慶長五年当初より、味方に付いた大名に対して所領給与を行い始めていたことは見逃すことができない。

しかし杵築六万石は「大坂の台所入り」（台所料）という名目であったにも関わらず、大坂や細川氏の領国丹後からはるかに遠い豊後杵築であったところが、家康の深謀遠慮の為せる技であると思う。家康は細川氏に対する警戒心を緩めてはいなかったことがわかる。忠興は家臣有吉氏を杵築城代に任じて新知行地を受け取らせた。これで忠興の知行は本領と合わせて十八万三千石となった。こうして忠興は丹後と豊後を往復し、大坂や伏見に屋敷をもち、江戸に三男を人質として置いているという、全国に目配りをしなければならない状況に置かれることになった。

大坂から杵築へ

三月二十日に大坂を出立しいったん本領丹後に帰った忠興は、四月初旬丹後を発ち十四、五日ごろ杵築に到着している。そして松井・有吉の案内で、領内の巡見を行っている。杵築では当時豊後中津に在城していた黒田如水から、佐田までおいでいただけないか談合したい議があるのでと誘われたりした。

上杉征伐に出陣

四月二十八日、忠興弟玄蕃（興元）・家臣米田から杵築に二十五日の日付の文箱が届き、家康が秀頼の「御名代」として豊臣家家臣を召し連れて上杉討伐に「発向」（出発）した、先手は福島正則・加藤嘉明・細川忠興の三人に決まったと注進してきた。そこで忠興は急遽翌二十九日に杵築を出船し、五月五日大坂に着くと早速登城し、出立命令を受け、丹後に帰国して、出陣の用意をしている。

ここで注意しなければならないのは、上杉討伐の命令は秀頼から出され、家康は秀頼の「御名代」として関東に出発した点である。上杉討伐は形式上は秀頼から出された命令であった。したがってこの命令は家康を快く思っていない大名たちにも参加を促す効果を持っていた。この上杉討伐軍が、このあと家康の軍勢に転換させられるには、後述のもう一つの仕掛けが必要であったのである。

5　忠興の元に届いた玉子自害の知らせ

忠興軍の行軍

忠興は嫡男与一郎忠隆（二十一歳）と共に六月二十七日に宮津を出発している。御供は長岡玄蕃（興元）、二男与五郎興秋（十八歳）の家族と、松井、米田、有吉、篠山、荒川、西郡、白杉、水嶋らの家臣と馬廻衆であった。丹後では忠興の末女「まん（万）」が煩っていたので、出発が四日遅れていた。

丹波を通り、七月九日信州望月、十日山中、十二日高崎、十三日太田と道々の家康方大名衆の饗応を受けつつ移動し、十六日に宇都宮の北に野陣している。

一回目の知らせ

この間に大坂の屋敷から一回目の飛脚が到来した。それは、「忠興の関東下向以後、『石田党』が蜂起し、家康を敵として、幽斎の居る丹後へは丹波・但馬の衆が押し寄せるとのことである、諸大名の奥方は人質として、大坂城に取入れるとの噂なので、そのことを「上様」（玉子）に申し上げると、決して登城しないとのことであるので、御留守中の義は御気遣いなされないように」との小笠原小斎自筆の書状であった。忠興はこれを読んで「満足」したという。そして大坂には家臣森勝正を遣わし、すぐに丹後の幽斎の元に行くようにと命じ、幽斎に密書を出し、豊後杵築の松井・有吉にも書状を下して指示している。

忠興の指示

忠興の元に届いた大坂の様子を知らせる一回目の書状は、大坂屋敷にいる小笠原少斎という細川家家臣からのもので、この自筆書状の日付は七月九日である。丹後の幽斎の田辺城籠城は十七・八日のことであるから、忠興はまだ大坂屋敷でも田辺城でも事態が急展開するとは思わず、それで「満足」したのであろう。杵築の家臣たちに対しては、忠興は書状が着き次第「番子」まで召し連れて丹後へ向かうように、残る者は黒田如水の居城に移るように、如水とは兼ねて申し合わせてあると述べた。先般の如水との談合では、こんなことまで話し合い、合意ができていたようである。

家康は七月二十一日に江戸を出発し、二十二日宇都宮に着いている。ここへ忠興も移動して家康・秀忠の側に控えると、秀忠は三男光千代を忠興に対面させている。

大坂進軍の決定

七月二十四日、家康は小山《おやま》の旧城に到着し、ここを本陣に定めた。この日の晩伏見の城代鳥居彦右衛門から大坂の様子を知らせる飛脚が来たので、二十五日、家康は諸将を本陣に集めた。そこで「石田三成の逆心の報告が来た、上杉景勝と示しあわせているように見える、したがってその外の大老・奉行も大概一味であろう、各々は大坂に人質を置いているのだから上洛しようと思う者は勝手次第である」と述べたという(『細川家記』)。すると福島正則が一番に旗下に属すと申し述べ、それに続いて諸将は皆家康に従うことを表明している。そして大坂への進軍が決定した。

ここで忠興は二男興秋を重ねて家康の質に出すことを申し出た。これに対して秀忠は、三男光千代を人質に出している上は、次男興秋を重ねて出すと二重になるので不必要であると述べて、使者同道で興秋は帰されている。忠興にとっては、丹後も杵築も、特に大坂は心配であるから、家康方の心証を良くしようと人質をさらに増やそうと思ったのかもしれない。

小山の談合の意義

小山の陣で家康が諸将の態度をはかるため、大坂からの飛脚の書状を紹介し、どのような反応が諸将から返ってくるか見ようとしたことについては、見事な作戦であったといえる。山内一豊の妻千代が文箱を届け、それを明けずに一豊が家康に渡し、福島正則の決意表明に続いて、一豊が自身の城と兵糧の提供を申し出たという行動は、この小山陣での家康の諸将の意志の値踏みの際のものである（拙著『山内一豊と千代』参照）。家康の小山での諸将との談合は、まさに「人々の心の程を尋ねる」（『藩翰譜』）ために開いたもので、諸将が家康方でありつづけられるかどうかを判断するための談合であったのである。家康にとっては婚姻関係で姻族を広げ、誓詞や人質を出させた上で、さらなる確認作業として小山の談合を用いたと思う。

玉子自害の知らせ届く

忠興は家康軍の西進の中にあって、七月二十七日上美濃に向かっていた。その時小出《こいで》吉政《よしまさ》からの家康宛ての使者が、忠興の前で下馬して、次のような知らせを言上した。

「大坂の御屋敷は七月十七日戌の刻（午後八時）ごろ火災となり、御簾中様（玉子）は御自害なされた、忠隆の奥様（前田利家娘・千世）は乗り物（輿）三挺にて小出の屋敷の前を通り、前田利長殿の屋敷に入られた」と。この口上を聞くと忠興・弟玄蕃をはじめとして、玉子の「義心」を感じて皆が落涙し、忠興は「三成を亡ぼして讐を報じる」と大変な恨みようであったと『細川家記』は記す。

家康はこの時において再び忠興ら諸将を試す言動を見せる。「各々は大坂に人質を置いているので、敵方からこれを害したならば末代までの恥辱である、急ぎ馳せ上って進退を定められよ」と。諸将の返答がないうちに忠興が「当陣に供奉している者は常に懇ろの面々であるから、この期に及んでどうして心変わりしましょうか、某《それがし》の妻女は大坂城内に取り入れられようとしたため、既に自害に及んだ、何の面目があって、大坂に属することがあろうか、諸将が残らず大坂に上られても、自分は残り、何度でも先手を承る」と言ったので、福島正則をはじめ「人質は自分から出したものであり、それを敵が奪い取ったのなら是非ないことである（仕方がない）、急ぎ大坂へ進発されるなら、先に馳せ上り、軍功を顕すべし」と述べたが、家康は同意しなかった。そこで諸将は「誓詞」を出した。この誓詞を見て家康は「喜悦」したという。何度も機会を捉えて大名たちに決意表明を繰り返させ、誓詞まで書かせている家康の周到さが伺える。

忠興の言動

事実は、玉子の自害は諸大名に大きな衝撃を与えたようである。玉子自害の報を聞いた諸将は「動転す」と記した史料もあるからである。

大坂からの二回目の知らせ

八月三日に忠興の元に大坂の屋敷からの第二報が入った。河北（河喜多とも）石見の家来山内《やもち》が三島の忠興の元にやってきた。彼は「七月十七日の暮れ方に大坂城より上様（玉子）お迎えの人数が大勢参りました、石見は奥の台所に詰めており、小笠原少斎が表から奥の台所に参ると、程なく上様は自害遊ばされ、少斎が介錯し、やがて石見と共に切腹しました、石見の家来川北は台所の土間で切腹、金津は台所が焼け上がったので、屋根の上で切腹致しました」

と述べた。忠興が稲富は、と尋ねたところ、しかと存じませんと山内は答えている。

忠興の元にもたらされた玉子自害の状況は右のようなものであった。次に玉子の側に仕えていた「霜《しも》」という女房の目から見た玉子の最期とその意義について述べよう。

6 霜の見た玉子の最期

『於しも覚書』の作者

しも（霜）とは玉子の側に仕える侍女で、近江佐々木一族の女性でり、田中城の城主をしていた比良内蔵助の妹であると伝わる。霜の姉たちは細川家家臣米田是政、野々口丹波の妻になっているので、細川家家臣団中に親族がかなりいたことになる。霜自身も和邇《わに》の領主入江兵衛尉に嫁している。兵衛尉の父は信長に仕え、夫兵衛尉は山崎合戦時、明智方として討ち死にしているという。夫の死によって生計の道を断たれた霜は、子供仁兵衛とともに米田是政を頼り、霜は玉子の元で働くようになったという。霜の夫が明智方として討ち死にしたとあることから、玉子にとって霜を側近く仕えさせる動機は十分にあったと思われる。この霜が書き残したのが『於しも覚書』である。後年正保五年（一六四八）、忠興・玉子夫妻の孫光尚の求めに応じて、玉子の最期の状況を記録として残したものである。ここでは、玉子の最期を見届けた霜の記録を参照しつつ、『細川家記』の記録を基に玉子の最期について考えてみる。

小笠原秀清　慶長五年（一六〇〇）六月末、忠興が会津に出立したあと、大坂屋敷には玉子がいたので、稲富伊賀、小笠原少斎、河北石見、金津助次郎そのほかの士が少々残って留守居を務めていた。小笠原少斎秀清《ひできよ》は元足利義輝に仕えていた幕臣で、妻は北野松梅院の娘で、のち松寿院という法号を与えられる人である。秀清の子息二人が藤孝息女と吉田家息女を妻にしていることから見ても、秀清は老臣であると同時に親族として遇されていた人であったといえる。

河北一成　次に河北石見守一成は「無世」とも言い、代々丹波氷上郡河北に住んでいたので、この地名を家号としたという。一成の子息は二人で、二人共に明智氏に仕えたとされ、嫡子は明智氏と共に亡くなったのか、「子孫なし」と記されている。次男は明智没後細川家に仕えたとある。したがって丹波の住人である河北氏は、信長の命で丹波攻略に努めた明智氏や細川氏に組織された武士であったことになる。子息が共に明智氏に仕えた歴史を持つことから、河北石見一成も藤孝ほどの年齢の、細川家の老臣であったと思われる。

金津正直　金津助次郎正直は越前の生まれで、光秀に奉公し、玉子が細川家に輿入れした時に付けられて細川家に来ており、細川家から三人扶持十石を与えられていたという。越前が生国であることから見て、この人は早い時期から明智家に仕えた人であったと考えられる。婚姻時に玉子の供をして青龍寺城にやってきて、そのまま細川家家臣となっているので、玉子にとっては気心もよくわかった信頼できる家臣の一人だったのであろう。婚姻時玉子に随伴したことから見て、金津氏も老臣であったと思われる。

大坂屋敷に置かれたいずれの家臣も細川家の老臣であり、また以前から細川家の親族となっていた小笠原氏や、明智家の家臣を経験したり、子息が明智家に仕えたりしており、玉子と縁の深い家臣達ばかりであったことがわかる。こうした男性老臣が玉子を守って大坂の細川邸にいたのである。

人質としての大名の妻女

当時諸大名の妻子や重臣が、豊臣家の人質としての役割を果たすため、大坂城下のそれぞれの大名屋敷に住んでいた。京極忠高《ただたか》、黒田長政の母と妻、加藤清正の妻、山内一豊妻千代、池田輝政妻、藤堂高虎妻、有馬豊氏《とようじ》妻、加藤嘉明妻などである（この時期の人質については拙稿「豊臣政権の人質・人質政策と北政所」で詳しく述べた）。慶長五年に、「関東に出陣している諸将の人質は大坂城の本丸に取り入れられる」との噂が広まった。

細川家、対応を模索

そこで小笠原と河北が奥へ参り、老女をもって噂について申し上げると、玉子はこういったとされる。「忠興君は石田三成と予てより仲が悪いので、人質を取る時、きっと最初にここへ来ることでしょう、そのときどう返答するか、分別しなさい」と。両家臣は「石田方がやって来たならば、忠隆様・興秋様はすでに出陣しておられ、三男光千代（忠利）様は江戸に（人質となって）いらっしゃる、ただ今ここには人質として出す人はいませんと言いましょう、是非とも人質を取ると申したならば、丹後から幽斎様にお上りいただけないか、あるいはお指図があるまで、待って欲しいと返答いたします」と玉子に申し上げると、玉子は「それでよろしい」と返答したので、小笠原少斎が自筆の書状で大坂の様子を注進したという。

まだこの段階では細川邸では丹後の幽斎の指図を待ちたいなどとしており、差し迫った感が見受けられない。しかし石田方はこの人質作戦を急いで実行に移している。

石田方の要求

石田方は「詮議」して、「諸大名の妻子を人質としたならば志を変じて石田方の味方をする人も出てくるだろう、最初に忠興の妻を召し捕って少し鬱憤を晴らそう」と決定し、日頃細川邸に出入りしている「ちゃうごん」を介して「内々御登城されたい」と玉子に勧めさせた。しかし玉子は「忠興の為にはどのようなことがあっても同心できません」といったので、「ちゃうごん」はいったん帰り、再び「では宇喜多秀家邸までおいでいただければ、宇喜多氏は御一門なので（忠隆室は秀家の室豪姫の妹）、人質になられたと世間も言わないでしょう」といった。すると玉子は「宇喜多殿は一門には違いないが、石田と一味のように聞いているので、そこまで行くのは（本丸に入るのと）同じ事です」といって、一向に承諾される様子はなかった。この様子を見て家臣たちは、内々に済ますことは難しいと感じている。

「ちゃうごん」を介して石田方は玉子を何とか石田方の「人質」というかたちにしたいと望んでいたことがわかる。無理矢理本丸に入れようとの意図を貫くことまで、この段階では考えていなかったように思う。その証拠に交渉を繰り返しており、形式上石田方の人質になってくれれば良いという、穏やかな方法をとっていた。これに対して玉子は諸大名の行動や考え方、婚姻関係を的確に把握していたことがわかる。

玉子の覚悟

七月十六日、石田方から「表向きの使い」が来た。正式に「内室（正室）登城候得」と言ってきた。細川家では少斎・石見・伊賀が相談して、「越中守（細川忠興）屋敷は

（本丸天守から）遠いところでもございません、このまま差し置かれくだされたい」と返答したが、再三使者が来て、「是非人質に被出候得、左なくハ押懸て取り可申」という。石田方の要求は確固たるものに変化した。そのため屋敷内の老臣たちは「言いたい放題の申し様である、この上は我々が切腹しても、人質は出しません」と返答し、この時から屋敷中の者は覚悟したという。

このことを玉子が聞き、「（大坂）城中に入て恥を晒さん事、努々有へからす、重て使きたらハ速に自害すへし」と言った。少斎はもっともなことだと思いながらも、「なにとぞ丹後へお逃がししたい」と述べたが、玉子は「忠興は逃げることを許容しない人です、出陣される前夜に言い置かれたこともあるので、一足も屋敷の外へは出ることはありません、このことは守らねばならないので、時分を計らって申してくるように」と言っている。そこで少斎は涙を抑えて「決心は有り難いことでございます、忠興君は御出馬の時に『何事かある場合には恥なきように計らえ』とくれぐれも仰せ置かれた、どこか一方を打ち破って、宮津に落ち行くのはたやすいことだが、このように決心されたうえは、潔く死を遂げ、御供いたします」と述べて、家中の者が用意をしたという。

玉子は重ねて、「ほんとうに敵が押し入ったならば自害するので、少斎が介錯するように」と老臣に言いつけた。嫡男忠隆の「奥様」（前田利家娘千世）に（玉子が）聞くと、「私も同じく自害しようと思っています」といった。同居していた忠興の叔母に当たる藤孝の妹「宮川殿」（武田元信後室でこの年七十歳）を屋敷から出立させると、玉子は「最早心残りはない」と書き置きを認め、覚悟を決めて待ち受けていた。

そこで老臣たちは、談合して、城から迎えの人が来て、屋敷に押し入ったならば、稲富は西の御門で敵を防ぎ、少斎などは「御自害を進め」ることを決めている。

七月十七日に起ったこと

七月十七日の夕刻、催促の使いが大人数でやってきて、玉造の屋敷を囲んだ。細川家方と交渉がなされたが妥結せず、内に押し入るべき様子をみせた。少斎と石見は奥に入って報告。玉子は覚悟の上なので、自害の支度をする。忠隆の妻は近くの宇喜多秀家宅へ避難した。宮仕の女たちには暇を出したが、「霜」「おく」の両人には特に遺言したいことがある、と玉子は言う。その遺言は「子供のことは、私の為に子であれば、忠興の為にも子であるから改めて言うには及ばない、三宅藤兵衛を頼みにしている、この上言わずもがなのことながら、側室『藤』を正室代わりにされることはないように」であった。

年寄おく

ここで登場する「おく」は霜と同じく玉子の侍女で「年寄」と言われているので、予てより仕える老女であったのであろう。青地氏の娘で、波多野氏に嫁し、波多野検校の母であるが、当時は後家になっていたとされる。関ケ原合戦後京都の細川邸に置かれて扶持ももらい、寛永十年に亡くなっている。

三宅藤兵衛に関する記述はないが、明智氏の家臣に三宅姓の重臣がいたことから、その一族ではないかと思う。

玉子の遺言に対して、二人の侍女が是非御供したい（殉死したい）と言うと、玉子は「自分の言葉に背くのなら、死んでも嬉しいとは思わない、永らえて最期の様子を（後世に）伝えたならば、満足である」と言ったという。そして子供たちへの形見の品、手紙を認め、「心にかゝる事なし」と、自ら髪をきりきりと巻き上げ、畳の上で、少斎に胸元を長刀で突かせて自害した。自ら小刀を喉元などに刺して介錯させるという自害の仕方でなかったのは、玉子がキリシタンであって、自殺は教義上禁じられていたからであろう。

侍女と家臣たち

霜とおくは形見の品を持って最期を見届け、邸外に出た。少斎は表に移り、石見は家人河北・山内を関東に遣わし、稲富は先に屋敷を出ていた。そして玉子の遺骸に、蔀・遣り戸を懸け、部屋には鉄砲の薬を撒いて火を懸けた。そして少斎と石見は一所にあって、「日本に名を得た越中守（の奥方）がどうして『妻敵《めがたき》』のためにとらわれになろうか」と声々に呼ばわって一緒に切腹したという。石田方を妻敵と呼んだのは、忠興の奥方を無理にとらえようとしたことに対する非難の意味からであろう。河北の家人河北六右衛門が両人を介錯し、家人は台所の土間で腹を切った。

玉子の辞世

こうして細川邸から一歩も外へ出ることなく、家臣や侍女に対する指示も完璧に成し終えて玉子は自害した。その玉子の辞世の歌は、

散りぬへき　時しりてこそ世の中の　花も花なれ　人も人なれ

であったという。「花は散る時を知ってこそ花なのであり、人間もそうなければならない、今こそ散

る時である」というこの歌には、玉子のこれまでの人生の意義が凝縮されているように感じる。三十八歳の生涯であった。

以上が玉子の自害についての、細川家が残した記録・霜の記録を合わせた事実経過である。

7　玉子自害の歴史的意義

「義死」との評価

玉子が慶長五年七月十七日老臣少斎に長刀で胸を突かせるという壮絶な最期を遂げたことは、様々な波紋を呼んだ。当時と後世の人々が玉子の自害をどう評価したかをここでは見ておきたい。

『細川家記』は玉子の最期を「御義死」と表現し、「都鄙」の人々は「感嘆」し、小笠原・河北・金津らの振る舞いを「歎美（嘆美）」したと記す。この場合の「義」とは細川家に命を捧げ、忠興の言を守り、細川家の家康方への参陣を揺るがせなかったことを指すと考える。大坂城中では玉子の「節義」によって評議が変わり、諸大名の内室を人質に取ることを取り止めたという。三成方も「義死」を認めていたのである。

玉子の死の影響

実際には、玉子自害の直前に、黒田長政室、加藤清正室らは本国に向かって大坂を密かに出ていた。池田輝政室、藤堂高虎室、有馬豊氏室、加藤嘉明室は大坂城本丸天守閣に集められており、九月まで解放されていない（前掲拙著参照）。石田方は玉子の死の壮絶さに驚き、天守閣に集める行動を、むやみに拡大することはなかったようである。これが玉子の自害の影響であることは明確であろう。その後、天守の人質たちは、九月、三成から大坂の増田長盛への連絡によって殺害されることが決まった。しかし石田方からの使者が途中で家康方に捕らえられたため、殺害を免れたのである（拙著『山内一豊と千代』参照）。

関ケ原合戦に勝利した後、家康は忠興に対して「今度忠興の妻が義を守って自害したので、三成は畏れて人質を（それ以上）取り入れることはできなかった、今悉く諸大名の人質を取り返すことができたのは、是皆忠興夫妻の忠義である」と褒めた、と『細川家記』は記している。玉子の死は細川家の立場を守る「義死」であったこと、この壮絶な死が西軍の人質収容策の拡大を阻止したことが、歴史的意義であったといえる。

玉子の死の翌年、慶長六年八月に、忠興はオルガンティノ神父に依頼して、大坂の教会で玉子の葬儀を行ったという。教会が当時どこにあったかは判明しない。大阪市の崇禅寺《そうぜんじ》境内に残る玉子の墓（五輪塔）は、死の直後に忠興の信奉する禅宗のこの寺に葬られた墓なのであろう。

玉子の死はこのように東西両軍のその後の行動に、大きな影響を与えた。関ヶ原合戦は東西両陣営に分かれて戦った男性だけが主要な役割を果していたのではないことも、玉子の最期の状況を詳しく検討することで明らかにできた。正室は人質の役目を果たしつつ、戦況を見守り、その時々に、家臣たちと相談しつつ、適確な判断を下すべき立場に置かれていた。その判断によって家臣や侍女たちの生死を分ける事態に至るからである。

崇禅寺（大阪市東淀川区東中島）

大坂に残る玉子の墓（崇禅寺境内）

玉子の死が「義死」と表現されたのは、正室もまた当時の政治に関わり、大名の家の身の振り方を決定する極めて重要な位置にあったため、細川家の正室玉子が、家臣の男女とともに細川家の立場を堅守したことが、「あっぱれ」と評価されたためである。

玉子の位牌は、後に肥後に領国を得た細川家の墓所である熊本の泰勝寺に安置されている。泰勝寺には、藤孝、その妻（沼田氏）、忠興、その妻玉子（秀林院）の四つの同じ大きさの五輪塔が、それぞ

熊本城（熊本市古京町）

忠興（右）と玉子（左）の墓（熊本市・泰勝寺境内）

れ廟所に入れられて横一列に並んでいる。この四人を祀ったのは、忠興と玉子の間に生まれた三男忠利である。藩祖の正室である玉子の扱いは、忠利にとって父忠興と同様に尊重すべきものだったのであろう。

終章　苦難の中の花の一生

幸福から苦難へ

明智光秀とその正室煕子の娘として生まれた玉子は、幸福な幼少時代を過ごした。成長後は、光秀の主君織田信長の眼鏡に適った細川忠興と青龍寺城で婚姻し、忠興の父幽斎にも認められる才媛となった。忠興の婚姻について、より広く信長の婚姻政策として検討してみると、織田信長は公家・武家から家臣にいたるまで、周到に婚姻関係を結んだひとであったことも見えてきた。自らの娘や妹の婚姻が一通り終ると、信長は次には家臣団間の婚姻を仲介しはじめた。それは信長の全国平定構想と連動しており、玉子の婚姻はその代表的事例であった。いっぽう細川家からながめると、丹後を領国とするようになった忠興は、父の他に父の上司である光秀の後見も得ていたと思われる。明智家と細川家は二人の婚姻によってさらに強く結束することになった。

しかし本能寺の変によって玉子の運命は大きく変わり、離婚され、味土野幽閉という厳しい状況に置かれる。しかし細川家は玉子を切り捨てたのではなく、他人の目の届きにくい場に匿ったようにも見える。まもなく秀吉時代に離婚は解消されるが、玉子は鬱病に悩まされ、忠興から屋敷からの外出を禁じられるという、もう一つの厳しい状況に見舞われる。「逆臣光秀の娘・生き残った明智一族」という烙印は、いつまでも消えてはいなかったからであろう。

この大坂在住時代に教会へ行き、キリシタンの教えに深く触れたことは、玉子の以後の人生に光明をもたらした。玉子は自身の中に蓄積されていた禅宗の教養とキリシタンの教えを比較し、積極的に質問し、納得した上でキリシタンとして画期的な方法で洗礼を受けた。このことによって玉子自身が変化し、以後は快活で積極的な生き方をするようになった。そして丹後での領民の「大改宗」を企て、家臣や侍女を多数改宗させている。子供たちも影響を受けて、キリシタンとなった者が多い。

子供たちはすくすくと成長し、前田家や前野家と婚姻関係を結んでいた。しかし秀次事件に前野氏が連坐したことから、細川家にも疑いが及び、その疑いを晴らす過程で徳川家康に恩義を被ることになる。また娘「長」を守る過程で、玉子の経験は生かされた。

義を守っての殉教

関ケ原合戦前夜に忠興は家康から豊後杵築六万石を拝領したため、家臣団を丹後、大坂、杵築に分散させねばならなかった。それでも忠興は家康方に加わる決意を固め、上杉討伐を名目とする家康軍に参陣する。忠興の参陣中に大坂では三成方の天守閣への人質収容作戦が始動し、玉子はこの作戦で細川邸を囲んだ石田三成方の人数に囲まれ、小笠原少斎に胸を突かせるというかたちで自害したのであった。自ら刀で自害しなかったのは、キリシタンの「自殺を禁じる」という教えを全うしたためであろう。自害に至るまでには、玉子が「正室」として状況判断を適確になしていたこと、家臣の男女との相談の上での方針決定であったことなどが見えてきた。

玉子の自害は、婚家細川家に対する「義」の確立であると同時に、西軍にこれ以上の人質収容を中止させ、東軍に結集した大名衆の意志をより強固にしたと考える。玉子自身は慶長元年の二十六聖人の磔殺など、ひたひたとキリシタンへの迫害が強まる情勢のなかで、「殉教」したいという思いもあり、その「殉教」と「義」を守ることとを両立させようとしたのであろう。

玉子のひととなり

玉子の死は後世に語り継がれ、特に江戸期には様々な逸話が残されている。例えば秀吉が生きていたころ秀吉が玉子に会いたいといってきたところ、玉子は「秀吉は父の敵《かたき》であるから、殺されても会いに行くことはありません、強いて前に出よとあらば懐剣を以て刺し殺し、讐を報じます」と言ったので、忠興はお目見えのことを断ったという。光秀の娘として、強い意志の持ち主だったのであろう。また玉子は「何か事があれば甲冑を着て馬に乗り、敵に向かったならば、それほど男子にも劣ることはないでしょう」と言ったとも言われる。武術にも自信があったのかもしれない。激しさを持ち合わせ、武術にも自信があったとすれば、忠興が再婚を許されて以後も玉子の外出を禁じたのは、玉子のこのような性格を案じてのことと思われる。忠興は玉子を生涯正室として扱い、玉子の三男に細川家を継承させている。この点から見ても、玉子の激しい性格や武術にも優れた文武兼備の妻であることをよく認識していた忠興が、玉子をかばう方法として、外出を許さなかったのではないかと感じる。

しかしなによりも玉子がすばらしいと思われるのは、厳しい境遇に打ちのめされ、鬱病にまで悩まされながら、それをキリシタンになることで克服し、「怒りやすく」気位の高い尊大な性格から、快活で、周囲の人々を信徒に変えようとする積極的な性格に、自らを変えたことであろう。玉子は、自らを変えることができる強さをもった女性であった。そして正室としての努めを充分に果した人であった。

細川家の果たした役割とその後

また細川家が本能寺の変後、明智の旧臣を何人も抱えていたことも忘れてはならないだろう。また玉子の自害の傍には、明智旧臣の男女が大勢いたのである。そして、キリシタンである玉子を、細川家は豊臣政権下でよく守った。

玉子の死後忠興は八月以後嫡男、次男と共に関ケ原合戦で軍功を挙げる。しかし幽斎は丹後で三成方の小野木氏らに田辺城を囲まれ、後陽成天皇が前田玄以を動かしたことにより、ようやく九月十二日丹波亀山城に移ることができた。いっぽう松井康之は杵築城で戦っており、黒田長政から援兵を得ていた。このように関ケ原合戦時細川氏の勢力は三分されているという苦境に立っていた。玉子を守る家臣の数が少なかったことも、悲劇を現実のものにする要因であったのだろう。なぜなら黒田長政の妻と母、加藤清正の妻は、家臣たちが工夫して、玉子の自害以前から準備し、玉子自害で世間が騒がしくなっている間に、無事大坂を離れ、本国に帰っているからである。本国到着には黒田、加藤両氏の連携と共に両家臣団の連携があったことを、前稿で明らかにしたことがある（拙稿「豊臣政権の人質・人質政策と北政所」参照）。細川家にとって不幸なのは、こうした準備期間がなく、玉子の側にいる家臣の数も少なく、丹後とも連絡がつかない状況にあったためであろう。

慶長五年十一月、忠興は丹後国から豊前へと国替えになり、豊前一国・豊後国内国東郡・同国速見郡内の旧領の合計三十九万九千石余を賜り、中津城に移っていった。慶長九年忠興は病を得たので、三男忠利を嗣子とする。そして冬・夏の陣後の寛永九年（一六三二）、加藤忠広《ただひろ》改易の後に忠利が熊本へと国替えになるのである。そのため忠興の位牌、正室玉子の位牌は共に熊本にある。二人の墓とともに忠興の父母である藤孝・沼田氏の四基の五輪塔が秦勝寺には並んでいる。

三男忠利が嫡子となったのは、嫡男忠隆にも戦功があったのだが、玉子自害の時に忠隆の室（前田利家娘千世）が宇喜多秀家邸に逃れ命を助かったことにも起因していると考える。その後忠隆もこの行為をかばったと伝わるため、忠興は忠隆夫婦を離婚させ、利家娘は前田家に帰ったのであろう。忠隆も離婚後前田家を頼るが、前田家は受け入れていない。そこで「北野」に閑居したようである。また二男は関ケ原で父や兄と同様に軍功を挙げたあと、慶長十年三月人質として江戸に向かった時、途中で逃れたため、父の怒りを買ったようである。のち大坂冬・夏の陣では秀頼に属して大坂城に籠もっている。興秋三十二歳の時のことであるから、大坂方への参陣は興秋自身の選択であったことになろう。このことで父忠興の怒りはさらに強くなり、興秋は元和元年（一六一五）京都の東林院で自害している。こうして長男、次男は、慶長九年に幕府から三男忠利が継嗣と認められていたこともあって、細川家を離れたのであった。忠利は継承時十九歳になっていた。関ケ原前夜に家康の元に人質として送られた「光千代」こそが徳川政権にとっては細川家を継ぐ人として相応しいと判断されたのも当然である。忠利の妻には小笠原秀政娘千代姫が迎えられた。

オペラになったガラシャ

玉子が亡くなってから約百年後の一六九八年（日本の元号は元禄十一年）、ウィーンのイエズス会の劇場で一つのオペラが上演されている。このオペラを観賞したのは、ハプスブルグ家の女性たちである。オペラの主人公は「丹後の奥方」であり、そしてこの奥方は信仰を守り抜いた「徳のモデル」として描かれているという（ゴスマン「ガラシャ細川玉の実像と虚像」）。美徳とは何かという点で、日本とキリスト教世界の捉え方に違いはあるが、玉子の信念やそれを守り抜く強さが評価されている点は変わりがない。洋の東西を超えて、玉子の生き方は人々の共感を呼ぶものであったのではなかろうか。

参考文献

基本史料

「明智系図」（『続群書類従』第五輯下・巻第一〇八、続群書類従完成会、一九二七年）
『明智軍記』（新人物往来社、一九九五年）
『宇野主水記』（『改訂史籍集覧』第二十五冊、臨川書店、一九八四年）
『増訂　織田信長文書の研究』上・下（奥野高広著、吉川弘文館、一九八八年）
『於しも覚書』（橘園叢書第四一冊、京都大学総合図書館所蔵）

＊ガラシャの死の時点でおしもは女房として使えていたので、最期の様子を知る最も確実な史料である。

『寛永諸家系図伝』第十、続群書類従完成会、一九八六年
『寛政重修諸家譜』（堀田正敦ほか編『新訂寛政重修諸家譜』続群書類従完成会、一九六五年）
『義演准后日記』一、二（続群書類従完成会、一九七六年）
「惟任退治記」（『史籍集覧』第二十二冊、臨川書店、一九六七年）
『改訂　信長公記』（太田牛一著、桑田忠親校注、新人物往来社、一九六五年）
『時慶記』一、二（時慶記研究会編、臨川書店、二〇〇一年）
『新訂増補　史籍集覧』（武家部故実編一一、臨川書店、一九六七年）
『柴田退治記』（大村由己著『続群書類従』第二十輯下、続群書類従完成会、一九二三年）
『聚楽第行幸記』（『群書類従』第三輯、続群書類従完成会、一九三三年）
『舜旧記』一〜五（『史籍纂集』所収、続群書類従完成会、一九七〇〜八三年）

『太閤記』（小瀬甫庵著『新日本古典文学大系』岩波書店、一九九六年）
『大猷院殿御実紀』（『徳川実記』第二編、『新訂増補国史大系』39所収、吉川弘文館、一九六四年）
『伊達家文書』（東京大学史料編纂所編『大日本古文書　家わけ第三』東京大学出版会、一九六九年）
『多聞院日記』一〜五（竹内理三編、臨川書店、一九七八年）
『中世法制史料集　第三巻　武家家法Ⅰ』（岩波書店、一九六五年）
『当代記、駿府記』（『史籍雑纂』続群書類従完成会、一九九五年）
『言継卿記』（『大日本古記録　言継卿記』岩波書店、一九五九年）
『徳川家康文書の研究』上・中・下（中村孝也著、日本学術振興会、一九五九年）
『豊鑑』（『続群書類従』第二十輯、続群書類従完成会、一九五九年、訂正三版）
『藩翰譜』（『新井白石全集』二、国書刊行会、一九七七年）
『武家事紀』（山鹿素行著、山鹿素行先生全集刊行会、一九一五〜一八年）
『フロイス日本史』（松田毅・川崎桃太訳、中央公論社、一九七八年）
『細川家記』写本（京都大学総合図書館所蔵）（刊本は汲古書店、一九八八年）
＊藤孝以後の細川家歴代の史料を引用し、比較検討して残した歴史書ともいえる家記。

研究文献

朝尾直弘『織豊政権論』（『岩波講座日本の歴史』9、近世1、岩波書店、一九六三年）
朝尾直弘「幕藩制と天皇」（『大系日本国家史』三、東京大学出版会、一九七五年／『将軍権力の創出』岩波書店、一九九四年）
朝尾直弘『天下一統』（『体系日本の歴史』8、小学館、一九八八年）

朝尾直弘「将軍権力の創出」（『朝尾直弘著作集』第三巻、岩波書店、二〇〇四年）
朝尾直弘「豊臣・徳川の政治勢力」（『朝尾直弘著作集』第四巻、岩波書店、二〇〇四年）
今井林太郎『石田三成』（吉川弘文館、一九六一年）
岩沢愿彦『前田利家』（吉川弘文館、一九六六年）
岩沢愿彦「豊臣秀吉の伴天連成敗朱印状について」（『国学院雑誌』一九七九年）
海老沢有道『地方キリシタンの発掘』（柏書房、一九七六年）
小和田哲男『戦国三姉妹物語』（角川書店、一九九七年）
小和田哲男『豊臣秀吉』（ＰＨＰ新書、二〇〇二年）
片岡留美子『キリシタン時代の女子修道会』（キリシタン文化研究所、一九七六年）
加藤栄・山田忠雄編『鎖国』（『講座日本近世史』2、有斐閣、一九八一年）
北島万次「豊臣政権論」（講座日本近世史『幕藩制国家の成立』有斐閣、一九八一年）
桑田忠親『太閤書信』（地人書館、一九四三年）
桑田忠親『桃山時代の女性』（吉川弘文館、一九七二年）
桑田忠親『豊臣秀吉研究』（角川書店、一九七五年）
桑田忠親『女性の名書簡』（東京堂出版、一九九三年）
エリザベート・ゴスマン「ガラシャ細川玉の実像と虚像」（『女と男の時空3　女と男の乱』藤原書店、一九九六年）
佐野ちひろ「中世後期における女性と信仰――清原マリアについて」（『女性史学』十四、二〇〇四年）
高木昭作『日本近世国家史の研究』（岩波書店、一九九〇年）
高橋康夫「織田信長と京の城」（日本史研究会編『豊臣秀吉と京都』文理閣、二〇〇一年）

髙柳光寿『明智光秀』（吉川弘文館、一九八六年）
中村孝也『秀吉北政所』（国民文化研究会、一九七〇年）
福田千鶴『淀殿』（ミネルヴァ書房、二〇〇七年）
藤田恒春『豊臣秀次の研究』（文献出版、二〇〇三年）
三浦綾子「ガラシャ・細川玉子」（『人物日本の女性史4　戦国乱世に生きる』集英社、一九七七年）
三鬼清一郎「太閤検地と朝鮮出兵」（『岩波講座日本歴史』9、近世1、岩波書店、一九七五年）
脇田修『織田政権の基礎構造』（東京大学出版会、一九七五年）
脇田晴子『中世に生きる女たち』（岩波書店、一九九五年）

著者の関連著作

『日本中世の女性』（吉川弘文館、一九八七年）
『日本中世女性史論』（塙書房、一九九四年）
『女人政治の中世』（講談社現代新書、一九九六年）
「戦国期の『家』と女性――細川ガラシャの役割」（京都橘女子大学女性歴史文化研究所編『京都の女性史』思文閣、二〇〇二年）
「『大坂冬・夏の陣』に収斂する淀殿の役割」（『女性歴史文化研究所紀要』一一号、二〇〇三年）
『戦国の女たちを歩く』（山と渓谷社、二〇〇四年）
『天下人の時代』朝尾直弘と共編（平凡社、二〇〇三年）
『山内一豊と千代――戦国武士の家族像』（岩波新書、二〇〇五年）
「豊臣政権の人質・人質政策と北政所」（『女性歴史文化研究所紀要』一五号、二〇〇六年）

『北政所おね――大坂の事は、ことの葉もなし』(ミネルヴァ書房、二〇〇七年)
「養徳院と督姫――池田氏と結ばれた人々の役割」(『平成十八年度科学研究費補助金　基盤研究(B)研究成果報告書』、二〇〇九年)
「明智光秀の親族・家臣団と本能寺の変」(『女性歴史文化研究所紀要』十八号、二〇一〇年掲載予定)。

あとがき

戦国時代という激動の時代に、世間的には「謀叛人の娘」という悪評のなかで生きねばならなかった細川玉子（ガラシャ）の被った精神的重圧は、どれほど大きなものであったのだろうか、想像を絶するものがある。

幸福な少女時代、婚姻後の青龍寺城時代、宮津城時代を経て、天正十年六月、本能寺の変以後は、玉子にとって苦しく、また寂しい時代が続いた。

しかしその時代を支えたのが、いとなどの侍女たちや、明智家の旧臣であった。玉子の最期の時にも、大勢の明智家旧臣が身近に居たことがそれを証明している。旧臣たちは、玉子の婚姻に付き従って細川家に来たり、本能寺の変後、細川家を頼ったりしたのであるが、玉子や細川家によく仕えていたことが知られる。またこのように、細川家が、かつての上司であった光秀の旧臣を、暖かく抱えていたことも明らかになった。

味土野時代に芽生えたキリシタンへの興味は、忠興が九州に出陣している間に、教会へ行ったことで大きく開花し、ついには「新しい方法」（マリアから洗礼を受けるという）で玉子は受洗した。このことによって、玉子の精神生活は一変し、鬱病を克服し、積極的なキリシタン大名婦人に生まれ変わった。玉子は当時の大名クラスの例に漏れず、領民の「大改宗」を望んでいたのである。

しかし、秀吉の方針は、次第に宣教師に対して厳しいものに変化した。高山右近が手初めに追放された。秀吉と友好関係を持続したコエリュやオルガンティノなどは例外として、キリシタンは次第にこの時代、冬の到来を予測しただろう。

玉子の死については、細川家が「義死」と見るのは確かに当っている。玉子は細川家に殉じたのである。しかし彼女にとって、この死は、「殉教」死の意義もあったと考えた。長女の長は以前から改宗していたが、玉子の死は、玉子の子息たちの改宗という結果を生じさせたと思う。玉子の墓がまず大坂に造られたのは、慶長六年八月の、オルガンティノによる教会葬と関係があると思う。この葬儀を依頼したのは忠興であるらしいことも、細川家がフロイスのいうように、〝反キリシタン〟で固まっていたとは評価できない理由である。

近世に入って、徳川政権と安定的な主従関係を結んだ熊本の細川家は、藩祖幽斎夫妻と忠興夫妻の四人の墓を、それぞれ別個に造立し、横一列に並べている。玉子が死の直前、正室であることにこだわった意志は子孫によって貫かれていたことがわかる。

玉子が正室にこだわったのは、やはり領国主婦人として、領民に大きな影響力を持つ立場にあり続けることが、自分の使命だと感じたからであろう。キリシタン大名婦人としての役割に、玉子は気付いていたように思われる。そして自分が殉教死することで、キリシタンとなったり、なるであろう子供たちをも守れる、細川家は守ってくれると信じたのではないだろうか。

玉子の一生を物語る直接的な良質の史料は、ごく少ない。そこで周辺から様々な調査を試みることで、やっと評伝を書き上げることができた。苦労も多かったが、からみ合った糸が次々に解けるたびに、喜びも増してきた。

本書の出版にあたって、宮津市産業振興室、長岡京市教育委員会のご好意で、写真を提供いただいた。「永青文庫」には写真掲載の許可をいただいた。ミネルヴァ書房の田引勝二さんには、『北政所おね』に続いてお世話になり、全体の構想など様々な点で援助していただいた。京都橘学園の中村敬仁さんには今回もデータ処理で援助していただき、斎藤英雄さんには西教寺に案内していただいた。また京都橘大学から、本書の出版にあたり出版助成金を交付していただくことになった。併せて謝意を表する次第である。

二〇〇九年十月一日

田端泰子

第三刷にあたって

「謀反人」光秀と評され、「謀反人の娘」として信長死後に世間の非難を浴びた玉子にも、ようやく近年まともな評価が与えられ始めた。喜ばしい傾向である。本書が、歴史史料から飛躍できない歴史学の研究書として、読者のお役に立てるなら幸いである。

（二〇一九年四月末日）

細川ガラシャ略年譜

和暦	西暦	齢	関係事項	一般事項
永禄 六	一五六三	1	玉子、明智光秀の娘として、越前国に生まれる。	この秋、三河一向一揆起こる。
十	一五六七	5		信長の娘徳姫、岡崎信康と婚姻。
十一	一五六八	6		信長の妹お市、浅井長政と婚姻。
元亀 二	一五七一	9	近江坂本城に移る。	9月信長、比叡山を焼討ち。
四	一五七三	11	細川藤孝、桂川西地を「一職」に拝領。	8・28小谷城落城、お市柴田勝家と再婚。
天正 二	一五七四	12		秀吉、今浜に築城し、この地を長浜と改める。
四	一五七五	13		2・23織田信長、安土城に移る。
六	一五七八	16	玉子、青龍寺城主細川藤孝の長子忠興に嫁す。	9月信長、荒木氏を討伐。
七	一五七九	17	長女長を産む（長、慶長八年九月に死去。安昌院）。	
八	一五八〇	18	4・27長男熊千代（忠隆）を産む。信長は光秀に丹波、細川藤孝・忠興に丹後を与える。8・2藤孝父子、青龍寺城から八幡山城へ移る。また信長の許し	

			を得て、宮津に平城を築く。	
九	一五八一	19	4・12光秀、茶人津田宗及、連歌師里村紹巴等と細川氏の招きで宮津に来る。久世戸天橋立を遊覧。5月藤孝の娘伊也、一色五郎に嫁す。	2・28京で馬揃え挙行される。9月信長、高野山を討伐。
十	一五八二	20	6・2本能寺の変。明智光秀、細川藤孝父子を誘う。6・13明智光秀死去。ついで明智一族、坂本城で滅亡。玉子、味土野に幽閉される。9・8細川氏、一色五郎を「饗応」し、謀殺する。幽斎、舞鶴に田辺城を築く。忠興の側室、おこほを産む。	7・7太閤検地始まる。
十一	一五八三	21	玉子、味土野で暮らす。清原いとら玉子に仕える。	4・24北ノ庄城落城、柴田勝家、お市自刃。
十二	一五八四	22	玉子、次男興秋を産む。玉子、幽閉をとかれ宮津に戻る。のち大坂玉造の細川邸に移る。	3〜11月小牧、長久手の戦。
十三	一五八五	23		3月秀吉、根来・雑賀一揆を討伐。秀吉、従二位・内大臣に叙任。6月秀吉、四国征伐。7・11秀吉、藤原と改姓し、従一位、関白に叙任。8月長宗我部氏、秀吉に降服。
十四	一五八六	24	玉子、宮津で三男忠利を産む。	4・22秀吉、大仏殿造営に着手。

十五	一五八七	25	4月忠興等、秀吉の命により九州の島津氏討伐に向かう。忠興不在中に、玉子入信し、ガラシャの霊名をもらう。	8・3秀吉、九州征伐の動員発令。12・19秀吉、太政大臣に任じられ、豊臣の姓を賜わる。6・19伴天連追放令発布。高山右近追放される。9・13聚楽第完成。秀吉、大坂城より移る。
十六	一五八八	26	玉子、宮津で二女多羅を産む。	4・14聚楽第行幸。北政所、従一位、豊臣吉子の名を賜わる。
十七	一五八九	27		淀殿、淀城で鶴松を産む。11・24秀吉、小田原征伐を命じる。
十八	一五九〇	28		7・5後北条氏降伏。
十九	一五九一	29		8・21秀吉、身分統制令を発布。
二〇	一五九二	30		8・23朝鮮征伐発令。
文禄元				1・5秀吉、諸大名に朝鮮出兵を命じる。3・26秀吉、自ら名護屋に向かう（文禄の役）。秀次、左大臣となる。ついで従一位に叙任。
二	一五九三	31		捨丸（秀頼）、大坂城に誕生。
三	一五九四	32		8・1秀吉、伏見城に移る。こ

				の年、秀吉、キリスト教徒を長崎に処刑。文禄検地条目を定める。
四	一五九五	33	7・8秀次、追放される。7・15切腹（二十八歳）。長の夫前野長重、秀次に縁坐して切腹。	
五 慶長元	一五九六	34		9月秀吉、大坂城で明使を引見、講和破れる。拾丸（四歳）、秀頼と改名。12・19キリスト教徒二十六人を長崎に磔殺。
二	一五九七	35	長入信。	6月秀吉、朝鮮再征を命じる（慶長の役）。
三	一五九八	36	三女まんを産む。	3・15醍醐の花見。8・18秀吉、伏見城で没（六十二歳）。前田利家・徳川家康、朝鮮の諸将に撤退を命じる。
四	一五九九	37		1・10秀頼と淀殿、大坂城に入る。閏3・3前田利家没。
五	一六〇〇	38	6・27忠興、徳川家康配下として上杉景勝討伐のため、宮津から関東に出立。7・17玉子、大坂屋敷で自刃。7・20幽斎、宮津城を自焼し田辺城に籠城。	10・1小西行長（四十三歳）、石田三成（四十一歳）、六条河原で処刑される。

六	
一六〇一	
	9月幽斎、田辺城開城。9・15関ヶ原合戦に忠興参陣。9・20忠興、亀山城で幽斎と対面。のち、田辺城を攻撃した小野木縫殿介を切腹させる。10月忠興、建仁寺で宮川殿や玉子の侍女と対面。玉子の最期の様子を知る。11月忠興、家康から豊前三十九万九千石を拝領。12月宮津を去る。 8月忠興オルガンティノ神父に依頼し、大坂でガラシャの教会葬を行う。のち小倉でも葬儀を行う。

人名索引

か　行

は　行

ま 行

や 行

ら・わ 行

事項索引

あ　行

か　行

さ　行

た　行

な　行

は　行

ま　行

や・ら　行

《著者紹介》

田端泰子（たばた・やすこ）

1941年　神戸市生まれ。

京都大学大学院文学研究科修了。

京都大学文学博士。

京都橘大学学長を経て，

現　在　京都橘大学名誉教授・客員教授。

著　書　『中世村落の構造と領主制』法政大学出版局，1986年。

『日本中世の女性』吉川弘文館，1987年。

『女人政治の中世——北条政子と日野富子』講談社現代新書，1996年。

『日本中世の社会と女性』吉川弘文館，1998年。

『女人，老人，子ども』共著，中央公論新社，2002年。

『幕府を背負った尼御台　北条政子』人文書院，2003年。

『乳母の力——歴史を支えた女たち』吉川弘文館，2005年。

『山内一豊と千代』岩波新書，2005年。

『北政所おね——大坂の事は，ことの葉もなし』ミネルヴァ書房，2007年，

など。

ミネルヴァ日本評伝選

細《ほそ》川《かわ》ガ《が》ラ《ら》シ《し》ャ《ゃ》

——散りぬべき時知りてこそ——

2010年2月10日　初版第1刷発行　〈検印省略〉

2019年6月10日　初版第3刷発行

定価はカバーに表示しています

著　者　田　端　泰　子

発行者　杉　田　啓　三

印刷者　江　戸　孝　典

発行所　株式会社　ミネルヴァ書房

607-8494　京都市山科区日ノ岡堤谷町1

電話（075）581-5191（代表）

振替口座　01020-0-8076番

　共同印刷工業・新生製本

ISBN978-4-623-05678-1

Printed in Japan

刊行のことば

歴史を動かすものは人間であり、興趣に富んだ人間の動きを通じて、世の移り変わりを考えるのは、歴史に接する醍醐味である。

しかし過去の歴史学を顧みるとき、人間不在という批判さえ見られたように、歴史における人間のすがたが、必ずしも十分に描かれてきたとはいえない。二十一世紀を迎えた今、歴史の中の人物像を蘇生させようとの要請はいよいよ強く、またそのための条件もしだいに熟してきている。

この「ミネルヴァ日本評伝選」は、正確な史実に基づいて書かれるのはいうまでもないが、単に経歴の羅列にとどまらず、歴史を動かしてきたすぐれた個性をいきいきとよみがえらせたいと考える。そのためには、対象とした人物とじっくりと対話し、ときにはきびしく対決していくことも必要になるだろう。

今日の歴史学が直面している困難の一つに、研究の過度の細分化、瑣末化が挙げられる。それは緻密さを求めるが故に陥った弊害といえるが、その結果として、歴史の大きな見通しが失われ、歴史学を通しての社会への働きかけの途が閉ざされ、人々の歴史への関心を弱める危険性がある。今こそ歴史が何のためにあるのかという、基本的な課題に応える必要があろう。評伝という興味ある方法を通じて、解決の手がかりを見出せないだろうかというのも、この企画の一つのねらいである。

狭義の歴史学の研究者だけでなく、多くの分野ですぐれた業績をあげている著者たちを迎えて、従来見られなかった規模の大きな人物史の叢書として、「ミネルヴァ日本評伝選」の刊行を開始したい。

平成十五年（二〇〇三）九月

ミネルヴァ書房

ミネルヴァ日本評伝選

企画推薦
梅原猛
ドナルド・キーン
佐伯彰一
角田文衞

監修委員
上横手雅敬
芳賀徹

編集委員
石川九楊　今橋映子　竹西寛子
伊藤之雄　熊倉功夫　西口順子
猪木武徳　佐伯順子　兵藤裕己
今谷明　坂本多加雄　御厨貴
武田佐知子

上代

*俾弥呼　古田武彦
日本武尊　西宮秀紀
*仁徳天皇　若井敏明
雄略天皇　吉村武彦
継体天皇　若井敏明
*蘇我氏四代　遠山美都男
推古天皇　義江明子
聖徳太子　仁藤敦史
斉明天皇　武田佐知子
*小野妹子・毛人・毛野　大橋信弥
*額田王　梶川信行
弘文天皇　遠山美都男
天武天皇　新川登亀男
持統天皇　丸山裕美子
阿倍比羅夫　熊田亮介
*藤原四子　木本好信
*柿本人麿　古橋信孝
*元明天皇・元正天皇　渡部育子
聖武天皇　本郷真紹
光明皇后　寺崎保広
*孝謙・称徳天皇　勝浦令子
藤原不比等　荒木敏夫
橘諸兄・奈良麻呂　遠山美都男
吉備真備　今津勝紀
*藤原仲麻呂　木本好信
道鏡　吉川真司
*藤原種継　木本好信
*行基　吉田靖雄

平安

*桓武天皇　井上満郎
嵯峨天皇　西別府元日
宇多天皇　古藤真平
醍醐天皇　石上英一
村上天皇　京樂真帆子
花山天皇　上島享
*三条天皇　倉本一宏
藤原薬子　中野渡俊治
*藤原良房・基経　瀧浪貞子
*紀貫之　神田龍身
源高明　所功
*安倍晴明　斎藤英喜
*藤原道長　朧谷寿
*藤原伊周・隆家　倉本一宏
藤原定子　山本淳子
*藤原彰子　朧谷寿
清少納言　三田村雅子
和泉式部　ツベタナ・クリステワ
大江匡房　小峯和明
*阿弖流為　樋口知志
坂上田村麻呂　熊谷公男
*源満仲・頼光　元木泰雄
平将門　西山良平
藤原純友　寺内浩
最澄　吉田一彦
円珍　岡野浩二
*空也　石井義長
奝然　上川通夫
*源信　小原仁
慶滋保胤　吉原浩人
*後白河天皇　美川圭
*式子内親王　奥野陽子
建礼門院　生形貴重
*藤原秀衡　入間田宣夫
平時子・時忠　元木泰雄
平維盛　根井浄
守覚法親王　阿部泰郎
藤原隆信・信実　山本陽子

鎌倉

源頼朝　川合康
*源義経　近藤好和
源実朝　神田龍身
*九条兼実　加納重文
九条道家　上横手雅敬
北条時政　野口実
熊谷直実　佐伯真一
*北条政子　関幸彦
*北条義時　岡田清一
曾我十郎・五郎　杉橋隆夫
北条時頼　山本隆志
北条時宗　近藤成一
平頼綱　細川重男
竹崎季長　堀本一繁
西行　光田和伸
鴨長明　浅見和彦
藤原定家　赤瀬信吾
*京極為兼　今谷明
*兼好　島内裕子
重源　横内裕人
*運慶　根立研介
快慶　井上一稔
法然　今堀太逸
栄西　中尾良信
明恵　西山厚
*親鸞　末木文美士
恵信尼・覚信尼　西口順子
覚如　今井雅晴
*道元　船岡誠
叡尊　細川涼一
*忍性　松尾剛次
*日蓮　佐藤弘夫
一遍　蒲池勢至
夢窓疎石　原田正俊
*宗峰妙超　竹貫元勝

南北朝・室町

後醍醐天皇　上横手雅敬

*護良親王　新井孝重
*懐良親王　森　茂暁
*赤松氏五代　渡邊大門
*北畠親房　岡野友彦
楠正成　兵藤裕己
楠木正行・正儀　生駒孝臣
*新田義貞　山本隆志
*光厳天皇　深津睦夫
足利尊氏　市沢　哲
*足利直義　亀田俊和
佐々木道誉　下坂　守
細川頼之　亀田俊和
円観・文観　田中貴子
足利義詮　早島大祐
足利義満　川嶋將生
*足利義持　吉田賢司
足利義政　木下昌規
*大内義弘　平瀬直樹
伏見宮貞成親王　松薗　斉
*山名宗全　山本隆志
細川勝元・政元　古野　貢
畠山義就　呉座勇一
足利成氏　阿部能久
世阿弥　西野春雄
雪舟等楊　河合正朝
宗祇　鶴崎裕雄
*満済　森　茂暁
一休宗純　原田正俊
蓮如　岡村喜史

戦国・織豊

北条早雲　家永遵嗣
*北条氏政　黒田基樹
大内義隆　藤井　崇
斎藤氏三代　木下　聡
*毛利元就　岸田裕之
*毛利輝元　光成準治
*小早川隆景・秀秋　光成準治
*六角定頼　村井祐樹
*今川義元　小和田哲男
*武田信玄　笹本正治
*武田勝頼　笹本正治
*真田氏三代　笹本正治
*三好長慶　天野忠幸
松永久秀　天野忠幸
*宇喜多直家・秀家　渡邊大門
*上杉謙信　矢田俊文
大友宗麟　鹿毛敏夫
島津義久・義弘　福島金治
*長宗我部元親・盛親　平井上総
浅井長政　長谷川裕子
吉田兼倶　西山　克
山科言継　松薗　斉
*雪村周継　赤澤英二
正親町天皇・後陽成天皇　神田裕理
足利義輝・義昭　山田康弘
織田信長　三鬼清一郎
織田長益　八尾嘉男
*明智光秀・秀満　小和田哲男
豊臣秀吉　藤井讓治
豊臣秀次　矢部健太郎
*北政所おね　田端泰子
*淀殿　福田千鶴
蜂須賀正勝・家政　三宅正浩
前田利家　東四柳史明
山内一豊・忠義　長屋隆幸
*黒田如水　小和田哲男
*蒲生氏郷　藤田達生
石田三成　堀越祐一
*細川ガラシャ　田端泰子
*支倉常長　田中英道
千利休　熊倉功夫
*長谷川等伯　宮島新一
顕如　神田千里
教如　安藤　弥

江戸

*徳川家康　笠谷和比古
本多忠勝　柴　裕之
*徳川家光　野村　玄
徳川吉宗　横田冬彦
*後水尾天皇　久保貴子
後桜町天皇　所　京子
*光格天皇　藤田　覚
崇伝　杣田善雄
*春日局　福田千鶴
宮本武蔵　渡邊大門
*池田光政　倉地克直
保科正之　八木清治
シャクシャイン　岩崎奈緒子
*田沼意次　藤田　覚
細川重賢　安高啓明
*二宮尊徳　小林惟司
末次平蔵　岡美穂子
*高田屋嘉兵衛　生田美智子
*林羅山　鈴木健一
吉野太夫　渡辺憲司
熊沢蕃山　川口　浩
*山崎闇斎　澤井啓一
山鹿素行　前田　勉
*北村季吟　島内景二
伊藤仁斎　澤井啓一
貝原益軒　辻本雅史
*ケンペル　B・M・ボダルト＝ベイリー
新井白石　大川　真
荻生徂徠　柴田　純
*雨森芳洲　上田正昭
石田梅岩　高野秀晴
白隠慧鶴　芳澤勝弘
前野良沢　松田　清
平賀源内　石上　敏
本居宣長　田尻祐一郎
杉田玄白　吉田　忠
木村蒹葭堂　有坂道子
*大田南畝　沓掛良彦
菅江真澄　赤坂憲雄
*鶴屋南北　諏訪春雄
良寛　阿部龍一
*山東京伝　佐藤至子
*滝沢馬琴　高田　衛
平田篤胤　山下久夫
国友一貫斎　太田浩司
シーボルト　宮坂正英
本阿弥光悦　岡　佳子
小堀遠州　中村利則
狩野探幽・山雪　山下善也
尾形光琳・乾山　河野元昭
*二代目市川團十郎　田口章子
伊藤若冲　狩野博幸
浦上玉堂　高橋博巳
*佐竹曙山　成瀬不二雄
葛飾北斎　岸　文和
酒井抱一　玉蟲敏子
孝明天皇　青山忠正
*和宮　辻ミチ子
徳川慶喜　大庭邦彦
島津斉彬　原口　泉
横井小楠　沖田行司
*古賀謹一郎　小野寺龍太
*永井尚志　高村直助
*岩瀬忠震　小野寺龍太
*栗本鋤雲　小野寺龍太
大村益次郎　竹本知行
河井継之助　小川和也

*西郷隆盛　家近良樹
*由利公正　角鹿尚計
*塚本明毅　塚本学
*月性　海原徹
*吉田松陰　海原徹
*高杉晋作　海原徹
*久坂玄瑞　一坂太郎
*ペリー　遠藤泰生
ハリス　福岡万里子
オールコック　佐野真由子
アーネスト・サトウ　奈良岡聰智

近代

*明治天皇　伊藤之雄
*大正天皇　F・R・ディキンソン
*昭憲皇太后・貞明皇后　小田部雄次
大久保利通　三谷太一郎
山県有朋　鳥海靖
木戸孝允　落合弘樹
井上馨　伊藤之雄
*松方正義　室山義正
北垣国道　小林丈広
板垣退助　小川原正道
長与専斎　笠原英彦
大隈重信　五百旗頭薫
伊藤博文　坂本一登
井上毅　大石眞
*井上勝　老川慶喜

*桂太郎　小林道彦
*渡邉洪基　瀧井一博
*乃木希典　佐々木英昭
星亨　小林道彦
林董　奈良岡聰智
*児玉源太郎　小林道彦
*高宗・閔妃　木村幹
山本権兵衛　室山義正
*金子堅太郎　松村正義
高橋是清　鈴木俊夫
小村寿太郎　簑原俊洋
*犬養毅　小林惟司
原敬　季武嘉也
*加藤高明　櫻井良樹
牧野伸顕　小宮一夫
田中義一　黒沢文貴
内田康哉　高橋勝浩
平沼騏一郎　堀田慎一郎
*鈴木貫太郎　小堀桂一郎
宇垣一成　北岡伸一
*宮崎滔天　榎本泰子
*浜口雄幸　川田稔
幣原喜重郎　西田敏宏
関一　玉井金五
水野広徳　片山慶隆
広田弘毅　井上寿一
安重根　上垣外憲一
*グルー　廣部泉
*永田鉄山　森靖夫
東條英機　牛村圭
今村均　前田雅之

蔣介石　劉岸偉
石原莞爾　山室信一
近衛文麿　庄司潤一郎
*岩崎弥太郎　武田晴人
伊藤忠兵衛　末永國紀
*五代友厚　田付茉莉子
大倉喜八郎　村上勝彦
*安田善次郎　由井常彦
渋沢栄一　武田晴人
中野武営　佐賀香織
益田孝　鈴木邦夫
山辺丈夫　宮本又郎
武藤山治　阿部武司・桑原哲也
池田成彬　松浦正孝
西原亀三　森川正則
小林一三　橋爪紳也
大倉恒吉　石川健次郎
大原孫三郎　猪木武徳
*河竹黙阿弥　今尾哲也
イザベラ・バード　加納孝代
*林忠正　木々康子
*森鷗外　小堀桂一郎
*二葉亭四迷　ヨコタ村上孝之
*夏目漱石　佐々木英昭
徳冨蘆花　半藤英明
巌谷小波　千葉信胤
樋口一葉　佐伯順子
*島崎藤村　十川信介
泉鏡花　東郷克美
上田敏　小林茂

*有島武郎　亀井俊介
北原白秋　平石典子
菊池寛　山本芳明
芥川龍之介　髙橋龍夫
*宮沢賢治　千葉一幹
高浜虚子　坪内稔典
与謝野晶子　佐伯順子
*種田山頭火　村上護
*斎藤茂吉　品田悦一
*高村光太郎　湯原かの子
石川啄木　先崎彰容
萩原朔太郎　エリス俊子・栗原飛宇馬
*原阿佐緒　秋山佐和子
*狩野芳崖・高橋由一　古田亮
川村清雄　落合則子
*小堀鞆音　小堀桂一郎
竹内栖鳳　北澤憲昭
黒田清輝　高階秀爾
中村不折　石川九楊
横山大観　高階秀爾
*橋本関雪　西原大輔
小出楢重　芳賀徹
土田麦僊　天野一夫
岸田劉生　北澤憲昭
濱田庄司　濱田琢司
*山田耕筰　後藤暢子
松旭斎天勝　川添裕
中山みき　鎌田東二
佐田介石　谷川穣
*ニコライ　中村健之介

*出口なお・王仁三郎　川村邦光
*新島襄　太田雄三
新島八重　佐伯順子
木下広次　冨岡勝
海老名弾正　西田毅
嘉納治五郎　クリストファー・スピルマン
柏木義円　片野真佐子
津田梅子　田中智子
*澤柳政太郎　新田義之
河口慧海　高山龍三
山室軍平　室田保夫
大谷光瑞　白須淨眞
*久米邦武　髙田誠二
フェノロサ　伊藤豊
井上哲次郎　井ノ口哲也
三宅雪嶺　長妻三佐雄
*岡倉天心　木下長宏
志賀重昂　中野目徹
徳富蘇峰　杉原志啓
*竹越与三郎　西田毅
内藤湖南・桑原隲蔵　礪波護
*廣池千九郎　橋本富太郎
岩村透　今橋映子
*西田幾多郎　大橋良介
*金沢庄三郎　石川遼子
柳田国男　鶴見太郎
厨川白村　張競
*村岡典嗣　水野雄司

大川周明　山内昌之
西田直二郎　林　淳
＊折口信夫　斎藤英喜
シュタイン　瀧井一博
＊西　周　清水多吉
＊福澤諭吉　平山　洋
成島柳北　山田俊治
福地桜痴　山田俊治
＊村山龍平　早房長治
島田三郎　武藤秀太郎
田口卯吉　鈴木栄樹
＊陸　羯南　松田宏一郎
黒岩涙香　奥　武則
長谷川如是閑　織田健志
＊吉野作造　田澤晴子
山川　均　米原　謙
＊岩波茂雄　十重田裕一
＊北　一輝　岡本幸治
＊穂積重遠　大村敦志
中野正剛　吉田則昭
＊満川亀太郎　福家崇洋
＊エドモンド・モレル　林田治男
＊北里柴三郎　福田眞人
高峰譲吉　木村昌人
田辺朔郎　秋元せき
＊南方熊楠　飯倉照平
石原　純　金子　務
＊辰野金吾　河上眞理・清水重敦
＊七代目小川治兵衛　尼崎博正

本多静六　岡本貴久子
ブルーノ・タウト　北村昌史

現代

昭和天皇　御厨　貴
高松宮宣仁親王　後藤致人
＊李方子　小田部雄次
吉田　茂　中西　寛
マッカーサー　柴山　太
鳩山一郎　楠　綾子
＊石橋湛山　増田　弘
重光　葵　武田知己
市川房枝　村井良太
＊池田勇人　藤井信幸
高野　実　篠田　徹
和田博雄　庄司俊作
朴正熙　木村　幹
＊田中角栄　新川敏光
宮沢喜一　村上友章
竹下　登　真渕　勝
＊松永安左エ門　橘川武郎
鮎川義介　井口治夫
＊出光佐三　橘川武郎
＊松下幸之助　米倉誠一郎
渋沢敬三　井上　潤
＊本田宗一郎　伊丹敬之
＊井深　大　武田　徹
＊佐治敬三　小玉　武

幸田家の人々　金井景子
＊正宗白鳥　大嶋　仁
＊大佛次郎　福島行一
＊川端康成　大久保喬樹
＊薩摩治郎八　小林　茂
坂口安吾　千葉一幹
太宰　治　安藤　宏
松本清張　杉原志啓
安部公房　鳥羽耕史
＊三島由紀夫　島内景二
井上ひさし　成田龍一
R・H・ブライス　菅原克也
柳　宗悦　熊倉功夫
バーナード・リーチ　鈴木禎宏
熊谷守一　古川秀昭
川端龍子　岡部昌幸
藤田嗣治　林　洋子
＊井上有一　海上雅臣
＊手塚治虫　竹内オサム
古賀政男　藍川由美
＊吉田　正　金子　勇
武満　徹　船山　隆
＊八代目坂東三津五郎　田口章子
＊力道山　岡村正史
＊西田天香　宮田昌明
安倍能成　中根隆行
サンソム夫妻　平川祐弘・牧野陽子
＊天野貞祐　貝塚茂樹

和辻哲郎　小坂国継
矢代幸雄　稲賀繁美
石田幹之助　岡本さえ
＊平泉　澄　若井敏明
＊早川孝太郎　須藤　功
安岡正篤　片山杜秀
青山二郎　田野　勲
島田謹二　小林信行
田中美知太郎　川久保剛
前嶋信次　杉田英明
＊唐木順三　澤村修治
亀井勝一郎　山本直人
知里真志保　北原治郎太
＊保田與重郎　谷崎昭男
石母田正　磯前順一
＊福田恆存　川久保剛
井筒俊彦　安藤礼二
佐々木惣一　伊藤孝夫
小泉信三　都倉武之
＊瀧川幸辰　伊藤孝夫
式場隆三郎　服部　正
大宅壮一　有馬　学
清水幾太郎　庄司武史
＊フランク・ロイド・ライト　大久保美春
＊中谷宇吉郎　杉山滋郎
今西錦司　山極寿一

＊は既刊
二〇一九年六月現在